Maravillas del español

Manual de actividades
Volumen 4

B2 del MCER

Mónica Flórez

Jaime Naranjo

UNIVERSITETET I BERGEN

FONDO
EDITORIAL
UNIVERSIDAD
EAFIT

Maravillas del español   Producción de la Universitetet i Bergen (Bergen, Noruega) y la Universidad EAFIT (Medellín, Colombia). Manual de actividades, volumen 4, nivel B2 del Marco Común Europeo de Referencia (MCER)

© Mónica Flórez, Jaime Naranjo (autores)
© Universitetet i Bergen (www.uib.no)
© Universidad EAFIT (www.eafit.edu.co)

Directora general   Ana B. Chiquito

Consejo editorial   Juan Luis Mejía Arango
Rector Universidad EAFIT, Medellín, Colombia
Academia Colombiana de la Lengua

Ana B. Chiquito
Catedrática Universidad de Bergen, Noruega

Elena M. Rojas Mayer
Catedrática Universidad Nacional de Tucumán, Argentina
Investigadora principal del CONICET
Academia Argentina de Letras

Miguel Ángel Quesada Pacheco
Catedrático Universidad de Bergen, Noruega
Universidad de Costa Rica, Costa Rica
Academia Costarricense de la Lengua
Correspondiente de la Real Academia Española

Comité administrativo   Thomas Treutler
Diana Ospina
Claudia Gil

Diseño gráfico y diagramación   Katty Sandoval M

Ilustración   Óscar Gómez

Revisión de estilo y ortotipografía   Marta Lucía Restrepo B

© 2017

Los créditos a las fotografías se encuentran detallados en la última página del texto.

Repasemos

1 **ELIGE la forma verbal apropiada para completar cada oración.**

1. Dudo que Juan ____ contento con su novia. Me ha dicho que quiere terminar con ella.
   a. estuviera   b. haya estado   c. esté
2. Es necesario ____ todos los días para ser un buen pianista.
   a. practicar   b. practiques   c. practica
3. Es triste que durante la Conquista y la Colonia ____ muchas comunidades indígenas.
   a. desaparecieron   b. hayan desaparecido   c. desaparezcan
4. A los bonaerenses les gustaría que ____ más parques naturales en su ciudad.
   a. haya   b. hubiera   c. hay
5. Esperará hasta que sus hijos ____ la universidad para viajar por el mundo.
   a. terminen   b. terminarán   c. terminan
6. Nos encantaba cuando nuestra madre nos ____ a pasar la tarde en el Jardín Botánico.
   a. llevara   b. llevaría   c. llevaba
7. Juan se negó a apagar la música hasta que no se ____ todo el mundo de la fiesta.
   a. fue   b. fuera   c. fueron
8. Sus padres desearían tener más dinero para que sus hijos ____ una mejor educación.
   a. tuvieran   b. tengan   c. tendrían

2 **CORRIGE los 10 errores de conjugación que aparecen en la siguiente lectura.**

Hace un año quise ir de paseo por Europa y aproveché para pedirles consejos y sugerencias a algunos de mis estudiantes extranjeros. Un estudiante me recomendó que no *vaya* en invierno, ya que hiciera mucho frío en esa época del año. Otra chica me dijo que fuera importante llevar dinero en dólares pues los aceptando en todos los países. Algunos me sugirieron que planee bien mi ruta antes del viaje, para facilite la coordinación de vuelos y hoteles. Mi estudiante alemán me dijo que en el verano hiciera mucho calor en Berlín y que por eso sería mejor que lleve ropa muy fresca y cómoda. Todas las estudiantes mujeres me advirtieron que no iré a un bar sola de noche, pues podría ser peligroso. En general, todos me recomendaron que me divierta mucho y que tomo muchas fotos de mi viaje.

Modelo: *fuera*

1._____ 2. _____ 3. _____ 4. _____ 5. _____

6. _____ 7. _____ 8. _____ 9. _____ 10. _____

3 **PON el número y la letra correspondientes para formar oraciones con sentido.**

1. El chico _2_ _j_	1. que	a. se chocaron está en el taller.
2. El carro ____ ____	2. <u>con quien</u>	b. su jefe le dijo ayer.
3. Adolfo Pérez Esquivel, ____ ____	3. donde	c. ganó el Premio Nobel de Paz, es argentino.
4. A mis padres les gustó mucho el vino ____ ____	4. en la que	d. estudiantes no vinieron hoy, se llama Laura.
5. Juana está muy enojada ____ ____	5. las cuales	e. me puso muy triste.
6. La profesora, ____ ____	6. con el que	f. hay un concierto hoy, es muy agradable.
7. Se me perdió mi perro, ____ ____	7. lo que	g. les regalaste.
8. El bar ____ ____	8. por lo que	h. habían hecho trampa en el examen.
9. La chica ____ ____	9. quien	i. piensas tanto, tiene novio.
10. El rector expulsó a las estudiantes, ____ ____	10. cuyos	j. <u>me viste en el bar es mi hermano</u>.

1

Los Derechos Humanos: un asunto fundamental

Hablar sobre los Derechos Humanos

4 FORMA antónimos de las palabras de la columna de la izquierda. USA los siguientes prefijos:

a- anti- des- i- in- ir- mal-

Modelo: <u>Accesible</u>   <u>in</u> accesible

1. Aceptable	____aceptable	8. Político	____político
2. Acostumbrado	____acostumbrado	9. Responsable	____responsable
3. Conocimiento	____conocimiento	10. Tolerante	____tolerante
4. Constitucional	____constitucional	11. Pensado	____pensado
5. Contento	____contento	12. Versar	____versar
6. Legal	____legal	13. Bélico	____bélico
7. Normal	____normal	14. Viral	____viral

5 COMPLETA las oraciones con la forma apropiada de palabras tomadas de las dos listas anteriores. RECUERDA la concordancia de género y número.

Modelo: <u>Los derechos humanos deberían ser *accesibles* a todos los habitantes del mundo.</u>

1. En algunos países no se respetan los derechos humanos por puro _____.

2. Cada gobierno es _____ de divulgar los derechos humanos.

3. Hay gobernantes que están _____ a violar los derechos humanos porque nunca han recibido un castigo.

4. Debido al alto abstencionismo durante la primera vuelta de elecciones presidenciales, puede decirse que la mayoría de los ciudadanos son _____.

5. La violación constante de los derechos humanos causa _____ general en la población civil.

6. Es _____que todos los individuos quieran que se les respeten sus derechos humanos.

7. Una ley se considera _____ por ir en contra de algún artículo de la Constitución.

8. La reproducción de material intelectual sin el previo consentimiento de su autor es un acto _____.

9. Las personas _____ tienden a respetar las diferencias personales con más facilidad, y a ser más felices.

10. Es _____ que todavía existan países donde se violan diariamente los derechos más básicos de las personas.

6 ESCRIBE el antónimo de las siguientes palabras:

1. Desatar	_____	8. Inutilizar	_____
2. Desconocer	_____	9. Malcriar	_____
3. Desequilibrar	_____	10. Desorganizar	_____
4. Desmotivar	_____	11. Desalojar	_____
5. Imposibilitar	_____	12. Desconfiar	_____
6. Incumplir	_____	13. Disociar	_____
7. Inhabilitar	_____	14. Desconectar	_____

7 COMPLETA las siguientes oraciones con el verbo adecuado de cualquiera de las dos columnas del ejercicio anterior. CONJUGA el verbo en la forma apropiada.

1. A los ciudadanos les molestó que el Gobierno _____ el dinero de sus impuestos para pagar gastos personales de los congresistas.

2. Los profesores desearían que los padres no _____ a sus hijos en casa. De esta manera, su labor sería menos difícil.

3. Creo que _____ frecuentemente a los empleados es clave para el éxito de cualquier empresa.

4. Ojalá que el avión aterrice antes de que se _____ la tormenta.

5. Espero que esta vez sí _____ la cita. ¡No creo que el médico te la reprograme otra vez!

8 UNE las dos columnas para crear oraciones con sentido:

1. Me emocionó que ____

2. Sería indignante que ____

3. Es lamentable que ____

4. Ojalá que ____

5. Durante la guerra civil ____

6. Si existiera un gobierno más eficiente ____

7. Dichas desapariciones ____

8. Fue inaceptable que ____

a. ningún organismo de Derechos Humanos hubiera recogido testimonios que dieran cuenta sobre estos hechos.

b. que azotó a El Salvador en los años 80 muchos niños fueron separados de sus familias.

c. nunca se volviera a saber de estos menores.

d. hoy en día, sus familiares sigan buscándolos y reclamando justicia y verdad sobre los hechos.

e. Una ONG española y operada por jesuitas liderara un proyecto que pretende esclarecer, aún hoy, el paradero de los niños y niñas que fueron sometidos a la desaparición forzada.

f. dicha ONG logre reunir a los jóvenes rescatados con sus familias biológicas.

g. fueron perpetradas por parte de miembros de las Fuerzas Armadas que participaban en operativos militares de contrainsurgencia.

h. no se darían tales atropellos por parte de entidades que hacen parte del Gobierno.

9 **A.** Del ejercicio anterior puede deducirse una noticia. EXPLICA en tus palabras, ¿qué pasó en esta historia?

_____
_____
_____
_____
_____
_____
_____
_____

B. ELIGE un titular para convertir la historia anterior en un artículo de prensa.

○ La ruleta del maltrato a los niños   ○ Por los derechos de la niñez desaparecida en El Salvador

○ El Salvador aprende de sus niños   ○ La integración alimentaria de los niños de El Salvador

Se sorprendieron de que les hubieran prestado dinero
Expresar reacciones y deseos frente a hechos ya pasados

10 ASOCIA cada una de las siguientes expresiones con su correspondiente dibujo:

a. *Ojalá hubiera traído mi sombrilla.*

b. *¡Esperaba que la película no hubiera empezado todavía!*

c. *Deseaba que su jefe no le hubiera visto ese correo.*

d. *Le enfureció que Camila no hubiera pagado el seguro del carro.*

e. *Me encantó que me hubieras invitado a este concierto.*

11 CONJUGA los verbos en el pluscuamperfecto del subjuntivo.

1. Me fascinó que el River _____ (*ganar*) el partido con tantos goles de diferencia.
2. Ojalá no _____ (*acabarse*) las entradas al concierto de Fito Páez.
3. Necesitaba un ayudante que ya _____ (*utilizar*) ese tipo de herramienta.
4. Querían comprar otro perro tan pronto como _____ (*entrenar*) a este.
5. Le quitaron la billetera sin que _____ (*darse cuenta*).

12 ELIGE entre el pluscuamperfecto de indicativo y el de subjuntivo.

1. Era increíble que le *habían dado / hubieran dado* todo su dinero a ese coyote.
2. Me di cuenta inmediatamente de que *hubieran tenido / habían tenido* muchas dificultades para llegar a este país.
3. Al principio no entendí por qué el padre *había traído / hubiera traído* a sus hijos tan pequeños a una travesía tan peligrosa.
4. Cuando llegaron a nuestro país, su grupo ya *hubiera cruzado / había cruzado* varias fronteras.
5. Ojalá *hubieran pasado / habían pasado* menos penurias en su país de origen.
6. No sé si yo *había soportado / hubiera soportado* un viaje con tantos tropiezos.
7. Creía que la madre nunca *había tenido / hubiera tenido* peores experiencias que estas. ¡Qué equivocada estaba!

13 CORRIGE los cinco errores verbales que hay en el siguiente correo electrónico. CAMBIA por el pluscuamperfecto del subjuntivo.

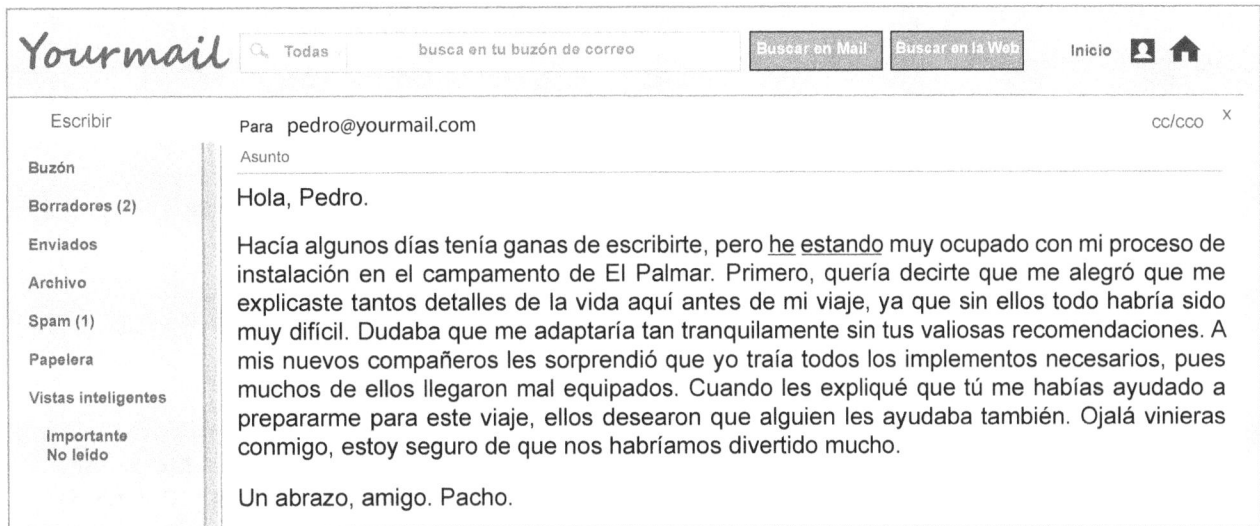

Yourmail   Todas   busca en tu buzón de correo   Buscar en Mail Buscar en la Web   Inicio

Escribir

Buzón

Borradores (2)

Enviados

Archivo

Spam (1)

Papelera

Vistas inteligentes

Importante
No leído

Para pedro@yourmail.com   cc/cco X

Asunto

Hola, Pedro.

Hacía algunos días tenía ganas de escribirte, pero <u>he estando</u> muy ocupado con mi proceso de instalación en el campamento de El Palmar. Primero, quería decirte que me alegró que me explicaste tantos detalles de la vida aquí antes de mi viaje, ya que sin ellos todo habría sido muy difícil. Dudaba que me adaptaría tan tranquilamente sin tus valiosas recomendaciones. A mis nuevos compañeros les sorprendió que yo traía todos los implementos necesarios, pues muchos de ellos llegaron mal equipados. Cuando les expliqué que tú me habías ayudado a prepararme para este viaje, ellos desearon que alguien les ayudaba también. Ojalá vinieras conmigo, estoy seguro de que nos habríamos divertido mucho.

Un abrazo, amigo. Pacho.

Modelo: _he estado_

1. _____   2. _____   3. _____   4. _____   5. _____

14 A. Además de los Derechos Humanos que ya conoces, también existen unos derechos específicos para ciertos grupos humanos y para los animales. LEE los siguientes derechos y CLASIFÍCALOS, según corresponda, en derechos de los niños (N), de las mujeres (M) y de los animales (A):

1. Tienen derecho a ser los primeros en recibir atención en situaciones de emergencia. ____
2. Tomar libremente la decisión de contraer matrimonio al tener la edad legal y fundar una familia. ____
3. Si es necesaria su muerte, esta debe ser instantánea, indolora y no generadora de angustia. ____
4. Deben vivir y reproducirse libres en su propio ambiente natural, terrestre, aéreo o acuático. ____
5. Su exhibición y explotación para esparcimiento del hombre son incompatibles con su dignidad. ____
6. Tienen derecho al descanso, al esparcimiento, al juego y a las actividades recreativas propios de su edad. ____
7. Los experimentos que causen su sufrimiento físico o psicológico son incompatibles con sus derechos y deben buscarse técnicas alternativas. ____
8. Exigir que no se les niegue el trabajo solicitado, ni se les despida del que tienen, o nieguen o reduzcan su salario por estar embarazadas. ____
9. Tienen derecho a vivir en una familia y no podrán ser separados de ella por falta de recursos para su subsistencia. ____
10. Reclamar alimentos para sí y sus menores hijos cuando el padre no cumpla con sus obligaciones familiares, aunque viva en el mismo domicilio. ____

B. ¿Qué otros derechos que no aparecen en la lista crees que deberían tener las mujeres, los niños y los animales? ESCRIBE por lo menos seis más:

_____
_____
_____
_____
_____
_____

Si no se hubiera hecho una campaña, no se habría conocido el caso

Expresar condiciones e hipótesis

15 CONJUGA los verbos en el tiempo correcto para completar la conversación.

Adriana: Hola, Ana, ¿Cómo estás?

Ana: Muy bien, Adriana, ¿y tú?

Adriana: Muy bien, gracias. Te llamaba porque no me has dicho si _____ (*1. venir*) este fin de semana a nuestra casa de campo.

Ana: Pues, Adri, honestamente, no estoy segura. Yo creo que si _____ (*2. terminar*) a tiempo unas cosas de trabajo que tengo pendientes, _____ (*3. poder*) ir. Pero, la verdad es que si no _____ (*4. hacer*) todas las tareas que mi jefe me _____ (*5. encargar*) para esta semana, no_____ (*6. tener*) oportunidad de descansar.

Adriana: ¡Qué lástima! Si me _____ (*7. decir*) antes que no podías venir, _____(*8. cambiar*) los planes para otro fin de semana. Juan estaba muy ilusionado con que vinieras, y si le _____ (*9. contar*) que no _____ (*10. ir*) con nosotros, seguro que tampoco _____ (*11. querer*) ir.

Ana: Adri, ¡yo también lo siento! La verdad es que si _____ (*12. saber*) que mi jefe iba a darme tanto trabajo, te _____ (*13. avisar*). Pero para mí también ha sido una sorpresa desagradable. Espero terminar lo más pronto posible, y si lo _____ (*14. lograr*), entonces con seguridad _____ (*15. llegar*) allá.

Adriana: Pues, ojalá. Espero que te rinda y que puedas venir. Besos.

Ana: Chao.

16 COMPLETA el siguiente diagrama para las oraciones condicionales con *si*:

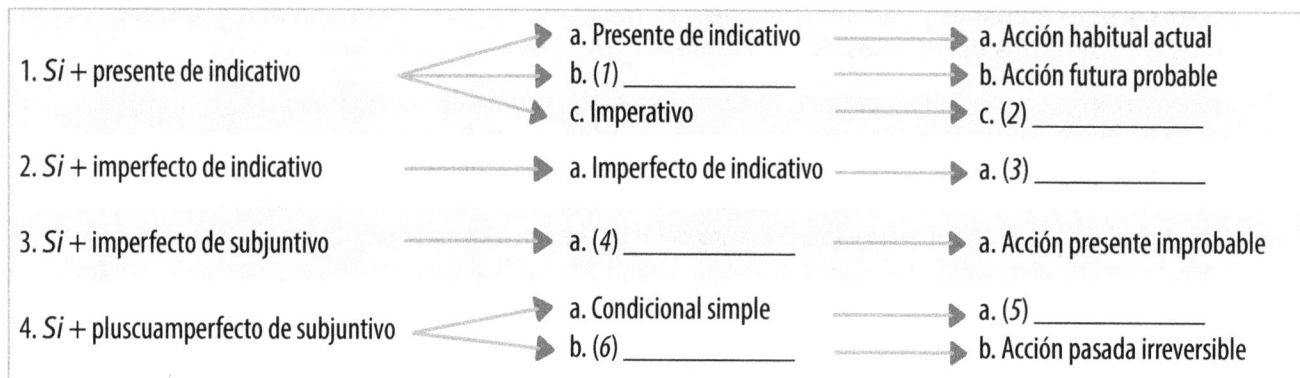

1. *Si* + presente de indicativo	a. Presente de indicativo	a. Acción habitual actual
	b. (*1*) _____	b. Acción futura probable
	c. Imperativo	c. (*2*) _____
2. *Si* + imperfecto de indicativo	a. Imperfecto de indicativo	a. (*3*) _____
3. *Si* + imperfecto de subjuntivo	a. (*4*) _____	a. Acción presente improbable
4. *Si* + pluscuamperfecto de subjuntivo	a. Condicional simple	a. (*5*) _____
	b. (*6*) _____	b. Acción pasada irreversible

17 RESPONDE las preguntas según el modelo:

Modelo: <u>Si no te hubieras matriculado en este curso, ¿dónde habrías estudiado español?</u>
<u>*Si no me hubiera matriculado en este curso, habría contratado a un tutor privado.*</u>

1. Si hubieras sido un(a) actor/actriz famoso/a, ¿qué película habrías protagonizado?
   _____

2. Si hubieras nacido en un país diferente al tuyo, ¿en cuál país te habría gustado nacer?
   _____

3. Si hubieras nacido millonario/a, ¿en qué habrías gastado tu dinero?
   _____

4. Si hubieras sido un(a) científico/a, ¿qué invento habrías creado?
   _____

5. Si hubieras sido músico, ¿qué instrumento habrías escogido?
   _____

18 LEE la siguiente historia. Luego, REESCRÍBELA desde una perspectiva hipotética:

Para el verano pasado, la señora Wells tenía planeado desconectarse del mundo, y por eso se compró un tiquete para una paradisíaca isla en el Caribe. Como su presupuesto era escaso, planeaba quedarse solo tres días. Tuvo todo listo a tiempo, pero llegó tarde al aeropuerto, justo cuando el avión estaba a punto de cerrar las puertas y despegar. Adicionalmente, se encontró con una sorpresa: la aerolínea había sobrevendido el vuelo y tenía dos pasajeros frecuentes y de muy alto nivel y fidelidad con sus productos, que resultarían perjudicados por la sobreventa, pues ambos eran esposos recién casados que se iban de luna de miel a la misma isla que la señora Wells, y, por tanto, no era factible que viajara solo uno de ellos. En cambio le hicieron una interesante propuesta: le darían el tiquete y los gastos de la estadía hasta por dos semanas, en cualquier otro destino inferior a las tres mil millas. La preocupada viajera decidió considerarlo, y comenzó a mirar a su alrededor. Entonces a lo lejos vio una fila que esperaba para abordar un viaje a Paraguay. Sin saber muy bien por qué, se dejó llevar por sus instintos, preguntó si era posible tomar ese vuelo al país suramericano. Le dijeron que sí. Decidió permitirse ser instintiva ("¿Por qué no?", se dijo) y abordar el avión, sin tener ni idea de qué le esperaría en el destino.

Si la señora Wells no hubiera llegado tarde al aeropuerto… _____

_____

_____

_____

_____

_____

19 UNE las columnas A y B y descubre cómo sería el mundo si…

HECHOS	COLUMNA A	COLUMNA B
1. El Internet es creado a principios de los años 80.	a. Si no hubieran inventado el internet… ___	e. … los españoles no habrían colonizado Las Américas.
2. En 1492, Cristóbal Colón y la tripulación de sus tres carabelas encuentran el Nuevo Mundo.	b. Si Colón no hubiera encontrado el Nuevo Mundo… ___	f. … hoy muchísimas enfermedades serían incurables.
3. En 1928, el científico escocés Alexander Fleming descubre la penicilina.	c. Si Fleming no hubiera descubierto la penicilina… ___	g. … no existiría la carta de Declaración Universal de Derechos Humanos.
4. La ONU fue creada el 24 de octubre de 1945, para promover la cooperación internacional.	d. Si no se hubiera creado la ONU… ___	h. … hoy no tendríamos la mayoría de nuestros aparatos tecnológicos.

20 ELIGE una de las opciones del ejercicio anterior y ESCRIBE un párrafo descriptivo sobre cómo sería el mundo hoy si…

_____

_____

_____

_____

_____

_____

_____

_____

Yo no haría algo así, salvo que estuviera en una situacion extrema

Hablar de condiciones irreales o hipotéticas

21 UNE las dos columnas para crear oraciones lógicas. ESCRIBE la letra correspondiente.

1. El ambiente laboral no mejorará ___
2. Podría comprar este rompecabezas ___
3. Prometieron ayudarnos con la cena ___
4. Vas a perder tu trabajo ___
5. Viajaban a las montañas ___
6. No iré a la graduación de Natalia ___

a. con tal de que nosotros limpiáramos los platos.
b. siempre que me prestaras el dinero.
c. siempre y cuando no nevara.
d. salvo si fuéramos juntos.
e. a menos que el jefe se vuelva más paciente.
f. a no ser que te pongas las pilas.

22 COMPLETA las oraciones con el tiempo verbal apropiado.

1. No me mudaré de casa a menos que _____ (encontrar) una mucho mejor.
2. Estudiaré español contigo toda la semana con tal de que tú me _____ (ayudar) con inglés.
3. No habría renunciado a mi trabajo si mi jefe me _____ (aumentar) el salario.
4. Mis padres me dejaban salir de noche siempre y cuando _____ (saber) con quién estaba.
5. No vería esa película excepto si todas las boletas de las otras funciones _____ (estar) agotadas.
6. Te llevaré al cine siempre que _____ (portarse) bien.
7. No me tiraría de un décimo piso salvo si _____ (haber) un incendio.
8. No les gustaba visitar a sus padres salvo que _____ (haber) una celebración importante.
9. Puedes ir a bailar con Juan con la condición de que _____ (estar) aquí antes de las 2:00.

23 En cada fila BUSCA el término que es sinónimo o antónimo de la palabra en la columna de la izquierda. ENCIÉRRALA en un círculo y SELECCIONA su función.

				Sinónimo	Antónimo
Modelo: Atacar	criticar	(defender)	ofender		X
1. Cometer	deshacer	buscar	forjar		
2. Cumplir	infringir	transmitir	esperar		
3. Otorgar	perdonar	presumir	conceder		
4. Reclamar	demandar	rezar	declamar		
5. Reclutar	humillar	lanzar	enlistar		
6. Reprimir	quejarse	permitir	suplicar		
7. Vulnerar	aspirar	auxiliar	convencer		
8. Fortalecer	debilitar	resaltar	igualar		

24 USA las palabras encontradas en el ejercicio anterior para darles sentido a estas oraciones. CONJUGA en el tiempo apropiado.

1. Si los indígenas _____ a tiempo la restitución de sus tierras, hoy no estarían desplazados de sus comunidades.
2. Sería más fácil confiar en el proceso de paz con las FARC, si no _____ forzosamente a más jóvenes para sus filas.
3. La ausencia gubernamental _____ que un grupo terrorista secuestrara a más de 200 chicas de un colegio local.
4. Aunque las autoridades los _____ al llegar al nuevo país, muchos inmigrantes ilegales nunca logran el sueño americano.
5. Quienes _____ las leyes, deben ir a la cárcel.

25 ELIGE el dibujo que mejor ilustre una violación a cada uno de los siguientes artículos de los DD. HH. ESCRIBE una oración con el conector dado para cada situación, imaginando bajo qué circunstancias violarías dicho artículo.

Modelo: No le prohibiría a alguien salir del país, *a menos que* tuviera una deuda pendiente con la justicia. (Articulo13).

Artículo ____
1. *A menos que*

Artículo ____
5. *Salvo si*

Artículo ____
2. *Siempre y cuando*

Declaración Universal de los Derechos Humanos

Artículo 13. (2) Toda persona tiene derecho a salir de cualquier país, incluso del propio, y a regresar a su país.

Artículo 21. (1) Toda persona tiene derecho a participar en el gobierno de su país, directamente o por medio de representantes libremente escogidos.

Artículo ____
3. *A no ser que*

Artículo 25. (2) La maternidad y la infancia tienen derecho a cuidados y asistencia especiales. Todos los niños, nacidos de matrimonio o fuera de matrimonio, tienen derecho a igual protección social.

Artículo 26. (2) La educación tendrá por objeto el

Artículo ____
4. *Con tal de que*

pleno desarrollo de la personalidad humana y el fortalecimiento del respeto a los derechos humanos y a las libertades fundamentales; favorecerá la comprensión, la tolerancia y la amistad entre todas las naciones y todos los grupos étnicos o religiosos, y promoverá el desarrollo de las actividades de las Naciones Unidas para el mantenimiento de la paz.

Artículo 27. (1) Toda persona tiene derecho a tomar parte libremente de la vida cultural de la comunidad, a gozar de las artes y a participar en el progreso científico y en los beneficios que de él resulten.

Tomado de http://www.un.org/es/universal-declaration-human-rights/

1. _____

2. _____

3. _____

4. _____

5. _____

Aprendamos sobre. . .

... Criminalización vs. legalización de las drogas

26 **A. LEE los siguientes argumentos a favor y en contra de la legalización de las drogas.**

A raíz de los grandes problemas que ha ocasionado el tema del narcotráfico en el mundo durante las últimas cuatro décadas, es mucho lo que se ha discutido acerca de las posibles ventajas y desventajas de la despenalización y legalización de las drogas. Una de las razones por las que se sigue dando este debate en diferentes tipos de escenarios es el evidente fracaso que la política de prohibicionismo y criminalización ha mostrado hasta ahora. Aparte de que el negocio del tráfico de estupefacientes continúa siendo una actividad bastante rentable, sus efectos en las comunidades, los gobiernos y las personas han sido más que devastadores: altos índices de drogadicción, incremento en las tasas de criminalidad y de mortalidad y corrupción de gobiernos y de agentes de seguridad, entre otros.

Aunque mucha gente piensa que un cambio en la política antidrogas lograría muchos mejores resultados que la que se ha implementado hasta ahora, otros aún piensan que la mejor vía para controlar este implacable flagelo es su penalización. He aquí algunos de sus razonamientos.

B. Ahora, COMPLETA la información faltante con la opción apropiada.

	A FAVOR	EN CONTRA
1.	Al legalizar la producción, venta y ___ (1) de las drogas, los grupos involucrados en su comercialización reducirían considerablemente sus costos y, por lo tanto, las ganancias no serían tan altas, y dejaría de ser atractivo y lucrativo para las organizaciones ___ (2) que hoy se benefician de su estatus de ilegalidad.	El legalizar las drogas, no garantiza que las mafias ___ (1). Por el contrario, lo más probable es que, al no poder lucrarse más de este negocio, los grupos criminales ___ (2) a otro tipo de actividad ilegal, tal vez incluso mucho más peligrosa.
	1. a. *dispendio*　b. *consumo*　　c. *gasto* 2. a. *criminales*　b. *penales*　　c. *estatales*	1. a. *desaparecerían*　b. *desaparezcan*　c. *desaparecieran* 2. a. *migrarán*　　　　b. *migrarían*　　c. *migren*
2.	Si el consumo de drogas no fuera criminalizado, como lo es hoy en día, entonces los gobiernos podrían controlar la calidad del producto que se vende en las calles y así también tener una mejor idea de los índices de ___ (1) para poder implementar ___ (2) de prevención y atención adecuadas.	El gobierno, al pasar de un enfoque ___ (1) a uno preventivo, enfrentaría nuevos retos, algunos iguales o más difíciles que los actuales. Por ejemplo, la ___ (2) de adictos es un tema costoso y complejo y existe la posibilidad de que, ante la mayor facilidad al acceso de estas sustancias, algunas personas decidan probarlas y se conviertan en adictas.
	1. a. *adicción*　　b. *superación*　c. *consunción* 2. a. *habilidades* b. *pericias*　　c. *estrategias*	1. a. *precautorio*　　b. *coercitivo*　　c. *provisorio* 2. a. *observación*　　b. *aplicación*　　c. *atención*
3.	Se podría poner un ___ (1) a la venta de estupefacientes y luego usar este dinero en ___ (2) de educación y prevención en las escuelas y en todos los medios de comunicación, así como en la creación de mejores centros de atención y acompañamiento a los adictos y sus familiares.	Los gobiernos deben cuidar de que sus ciudadanos no se ___ (1) en actividades que generen problemas de salud físicos o mentales, pues esto crea luego grandes costos en los sistemas de atención públicos y ___ (2) los impuestos del pueblo.
	1. a. *impuesto*　b. *diezmo*　　　c. *subsidio* 2. a. *avisos*　　b. *advertencias* c. *campañas*	1. a. *involucran*　　b. *involucren*　c. *involucraran* 2. a. *consuma*　　　b. *consume*　　c. *consumiera*

Escribamos

27 A continuación encontrarás algunos datos del Informe Mundial sobre las Drogas de las Naciones Unidas para el año 2014. LEE y COMPLETA con la información apropiada.

Tomado de http://idpc.net/es/publications/2016/06/informe-mundial-sobre-las-drogas

a la suma   de muertes   250 millones   por inyección   una tasa

1. Se estima que alrededor de _____ de personas consumieron por lo menos una droga en 2014.

2. Esa cifra equivale, aproximadamente, _____ de la población de Alemania, Francia, Italia y el Reino Unido.

3. Alrededor de 12 millones de personas son consumidores de drogas _____, de los cuales el 14% viven con el VIH.

4. En el 2014, el número _____ relacionadas con las drogas fue de alrededor de 207.400.

5. Las muertes relacionadas tienen _____ de mortalidad mucho mayor que la mortalidad por todas las causas en la población general.

28 Después de leer los pros y los contras...

_____
_____
_____
_____
_____
_____
_____
_____
_____
_____
_____
_____
_____
_____
_____
_____
_____
_____
_____
_____
_____
_____

... usar el idioma para:

Expresar reacciones y deseos frente a un hecho ya pasado.

1. COMPLETA las oraciones con el pluscuamperfecto del subjuntivo de los siguientes verbos:

caer   conocer   divorciarse   encantar   llamar   llevar   renunciar   saber   ser   ver

1. Me _____ ir a tu fiesta, pero estaba enferma.
2. Si _____ que estabas en la ciudad, te habríamos visitado.
3. _____ mejor caminar. ¡Con este tráfico no llegaremos nunca!
4. Le sorprendió que Marco y Liliana _____. ¡Eran tan buena pareja!
5. Ojalá no _____ esa película. Ahora, seguro, va a tener pesadillas.
6. No era verdad que Elizabeth _____ a su trabajo. Parece que la echaron.
7. Qué extraño que Patricio no me _____ anoche. Me quedé esperando su llamada.
8. Qué rabia que se te _____ el celular. Ahora tendrás que reemplazarle la pantalla.
9. Si _____ el carro al taller, no estarían varados en semejante aguacero.
10. Me habría ido mejor si no te _____.

Expresar condiciones e hipótesis

2. ELIGE la opción correcta:

1. Si ___ un perro agresivo, lo sacaría siempre con bozal.
   a. tengo   b. tuviera   c. hubiera tenido

2. Si ___ la respuesta correcta, marca el número indicado.
   a. supieras   b. sabes   c. hubieras sabido

3. Si ___ anoche, hoy estaría todo mojado.
   a. lloviera   b. llovió   c. hubiera llovido

4. Si ___ triste, siempre llamaba a mi mamá.
   a. estuviera   b. estaba   c. habría estado

5. Si ___ lo que pasó, no nos lo dijo.
   a. vio   b. viera   c. hubiera visto

Hablar de condiciones irreales o hipotéticas

3. UNE las tres columnas para crear oraciones con sentido:

1. Renunciaré a mi trabajo	a. excepto si	g. ganes todas las materias.
2. No digas ni una palabra	b. con tal de que	h. quieras perderlo para siempre.
3. Te dejaré ir a la excursión	c. a menos que	i. no haya salido de la reunión.
4. Les prestaremos el carro	d. salvo que	j. nos lo regresen antes de las 11:00.
5. Le pedirás disculpas a tu novio	e. a no ser que	k. me suban el sueldo.
6. Me llamará a las 2:00	f. siempre y cuando	l. te preguntan directamente.

Sobre el idioma:

4. ELIGE el prefijo negativo apropiado. COMPLETA la palabra.

1. ____ culpado a. *im-* b. *des-* c. *dis-*	4. ____ balas a. *im-* b. *anti-* c. *dis-*	7. ____ función a. *des-* b. *dis-* c. *in-*
2. ____ engañado a. *in-* b. *dis-* c. *des-*	5. ____ conforme a. *des-* b. *in-* c. *a-*	8. ____ nuclear a. *a-* b. *des-* c. *anti-*
3. ____ limitado a. *i-* b. *anti-* c. *a-*	6. ____ prudente a. *im-* b. *in-* c. *des-*	9. ____ reversible a. *i-* b. *in-* c. *ir-*

Puntaje: _____ **/30**

Repasemos

1 **COMPLETA las oraciones con el antónimo de las palabras en cursiva. USA los prefijos negativos.**

1. Lola siempre hace lo que le mandan sus papás. ¡Es tan *obediente*! Pero sus hermanitos son una pesadilla. Esos chicos son demasiado _____.
2. José y Pilar son una pareja muy dispareja. Él siempre está *conforme* con todo, en cambio ella con todo está siempre _____.
3. Ayer le conté una historia a Pepita, y casi se muere de miedo. ¡Como es tan *crédula*! En cambio yo nunca me asusto con nada porque soy muy _____.
4. Me gusta cuando el profe Ignacio nos da las explicaciones de gramática porque siempre son muy *precisas*. En cambio con la profe Sabrina nunca entiendo nada, porque sus ideas son muy _____.
5. Diana y Darío son muy *políticos* y les encanta participar en todas las protestas. En cambio, mi marido y yo no vamos a nada porque somos demasiado _____.

2 **USA el pluscuamperfecto de subjuntivo y el condicional simple o compuesto para imaginar qué habría ocurrido bajo otras circunstancias.**

1. Alemania ganó la Copa Mundial de Fútbol del 2014, pero Brasil es el país con mayor número de copas ganadas hasta ahora (5 en total), y le siguen Alemania e Italia (con 4 Copas cada uno).

   _____

   _____

2. El papa Benedicto XVI (dieciséis), de origen alemán, renunció al papado en febrero del 2013, y en marzo del mismo año fue elegido el primer papa latinoamericano, el argentino Francisco.

   _____

   _____

3. En los siglos XIX (diecinueve) y XX (veinte), Perú tuvo un ingreso masivo al país de personas provenientes de China. Por eso, hoy en día, Perú posee un 5% de población china o de origen chino.

   _____

   _____

4. Antes de 1948 Costa Rica tenía un ejército, pero en ese año el país decidió que tener un ejército no era beneficioso para ellos y decidieron disolverlo.

   _____

   _____

5. La primera resolución de un crimen por prueba de huellas dactilares se llevó a cabo en Argentina, en 1892. Desde entonces esta ha sido una herramienta clave en la lucha contra el crimen en todo el mundo.

   _____

   _____

3 **REESCRIBE las siguientes oraciones para reemplazar el nexo de condición en cursiva por las cláusulas *solo si* y *si no*. HAZ todos los cambios que consideres necesarios.**

1. Iremos a ver el concurso de *Agility* a condición de que antes me ayudes a organizar la biblioteca.

   _____

2. Te presto ese vestido con tal de que me lo devuelvas en perfecto estado.

   _____

3. No podrás ponerte ese pantalón que compraste hace poco a no ser que bajes primero un poco de peso.

   _____

Habremos perdido importantes recursos
Formular hipótesis sobre el futuro

4 Sandra ha entrevistado a varios de sus familiares y amigos para una de sus clases. Les ha hecho la siguiente pregunta: ¿Qué crees que habrás logrado en tu vida para el 2026? DECIDE quién ha dado cada una de las siguientes respuestas.

1. Yo
2. David y yo
3. Su papá
4. Tú
5. Carmen y tú
6. Sus hermanos

a. se habrán graduado de sus respectivas carreras.

b. habrás montado la veterinaria que tanto te sueñas.

c. habré pagado todas las cuotas del apartamento.

d. se habrá jubilado y se habrá mudado a la playa.

e. nos habremos casado y habremos tenido nuestro primer hijo.

f. habréis comprado una finca lejos de la ciudad.

5 COMPLETA las ideas con los verbos en paréntesis en el futuro perfecto compuesto.

1. A finales de este año, ya Héctor y Fabiola _____ (cambiar) de carro.
2. ¡Vamos tan tarde! Seguro que ya _____ (comenzar) el espectáculo.
3. Al paso que vas, creo que _____ (hacer) esa tarea en dos horas.
4. En agosto, Clímaco y yo ya _____ (abrir) nuestro restaurante uruguayo.
5. ¿Dónde _____ (poner / yo) las llaves? No las encuentro.

6 John Smith, estudiante de español, está un poco confundido con los participios regulares e irregulares. AYÚDALE a corregir los cinco errores que ha cometido en las siguientes oraciones.

Modelo: <u>Si no nos ha llamado a las 4, será seguramente porque todavía no habrá *volvido* del trabajo.</u> *Vuelto.*

1. ¿Por qué no me habrán respuesto aún? Necesito esa información urgentemente. _____
2. Seguramente Germán ya habrá visto esta película, pero igual voy a invitarlo. _____
3. Para entonces ya habréis salido de clase. _____
4. Me imagino que no lo habrá decidido en serio. _____
5. Supongo que mi madre ya habrá cocinado la cena y hasta habrá puesto la mesa. _____
6. ¿No se habrán muerto los peces tantos días solos? _____
7. Para cuando aparezca Martina, ya mi madre y mi abuela habrán hacido toda la limpieza. _____
8. Aún no he descubrido la sorpresa de aniversario que me está preparando Enrique. _____
9. Quién habrá escrito este panfleto tan insultante. _____

7 LEE los siguientes diálogos y DECIDE en cuáles el hablante tiene certeza de lo que dice (C) y en cuáles está solo suponiendo (S).

1. Lorena: Nuestro hijo llegó hoy llorando de la escuela. ( )
   Manuel: Algún chico se habrá burlado de él por su nuevo peinado. ( )

2. Ángel: ¿Habremos perdido el partido? ( )
   Pepe: Pienso que sí. No oigo ningún ruido en la calle. Está todo demasiado silencioso. ( )

3. Sofía: ¿Te has dado cuenta de lo rara que está Carmelina últimamente? Hace días que no me dirige la palabra. ( )
   Martín: ¡No me digas! Pues se habrá dado cuenta de tu romance con Kike. ( )

4. Miguel: Pero, profe, ¿cómo que perdí el examen? ¡Con todo lo que estudié! ( )
   Profesora: Pues habrás estudiado mucho, pero sin un buen resultado. ( )

8 COMPLETA las ideas con el futuro perfecto compuesto de los verbos en paréntesis para hacer suposiciones sobre hechos pasados. Luego, ELIGE los diálogos que acompañan a cada imagen.

a
A. ¿Qué le habrá pasado?
B. Su madre la _____ (regañar) por algo que ha hecho.
A. Pero parece que no va a parar de llorar.
B. ¡Fresca! En 5 minutos, ya _____ (calmarse).

b
A. ¿Qué le habrá pasado?
B. La _____ (despedir) de su antiguo trabajo
A. Tal vez le llame la atención el puesto en casa de Silvia.
B. No creo. Silvia estaba muy desesperada, y supongo que ya _____ (contratar) a una nueva empleada.

c
A. ¿Qué le habrá pasado?
B. _____ (quedarse) sin gasolina en medio de la carretera.
A. Oh, no, pero en la radio han dicho que va a haber una tormenta.
B. No te preocupes, ya _____ (regresar) a su carro para cuando empiece a llover.

d
A. ¿Qué les habrá pasado?
B. Se les _____ (perder) el gato.
A. ¿Les ayudamos a buscarlo?
B. Si han pasado varios días, ya alguien lo _____ (encontrar).

e
A. ¿Qué le habrá pasado a ese perro?
B. Le _____ (quitar) su juguete favorito.
A. ¡Debemos avisarles a los padres del niño de inmediato!
B. Mientras los encontramos, ya el perro _____ (tranquilizarse).

Sería conveniente que indagáramos

Formular y precisar opiniones personales

9 UNE las dos columnas para crear oraciones con sentido. PIENSA en la gramática y en la lógica de la frase.

1. Querría que _____
2. Es increíble que _____
3. Estaba rogándome que _____
4. Prohíbele que _____
5. No había nadie _____

a. cambiaras tus hábitos de alimentación tan rápidamente. Te ves genial con esos kilos de menos.
b. me consultaras antes de hacer compras de tan alto presupuesto. ¡Nos hemos sobregirado en el banco!
c. escuche música tan duro después de las 8 de la noche. Debe recordar que los mellizos son unos bebés y necesitan dormir.
d. lo dejara ir al concierto de salsa con unos amigos que no conozco, y le dije que no.
e. estuviera dispuesto a cambiar de silla conmigo, y tuve que viajar en ventana las 9 horas.

10 A las siguientes oraciones se les ha borrado la conjugación del verbo principal. CONJUGA los verbos en paréntesis en un tiempo que tenga concordancia con la segunda parte de la oración.

1. Clarita _____ (desear) de corazón que Sergio sea feliz.
2. No _____ (ir), aunque nos hubieran invitado.
3. Rigoberto _____ (esperar) que sus padres le ayudaran con el pago de la matrícula.
4. Paulina no _____ (poder) creer que Julián haya dicho una cosa tan horrible de ella.
5. A los Marín no les _____ (gustar) que les hubieras rechazado su invitación.
6. A mi hermana le _____ (encantar) que le comprara ese collar, pero no traje dinero.
7. _____ (hacer) la tarea tan pronto como llegues a casa.
8. Yo _____ (llamar) a Gloria para que te recoja a la salida del teatro.
9. Si Andrea lo _____ (saber), habría visitado a Ramón en el hospital.
10. Solo _____ (llamar) a sus padres para que le ayudaran con sus problemas.

11 COMPLETA de forma coherente las siguientes oraciones usando algún tiempo del subjuntivo y los conectores apropiados (si son necesarios):

Modelo: Luisa seguramente te respondería si… _tuviera el tiempo._

1. ¡Por Dios! Pablito dejó la ropa en el patio… _____
2. Les hemos pedido que… _____
3. Habrían pospuesto el viaje para el verano, si… _____
4. Esperará que… _____
5. Me tomaré una cerveza fría… _____
6. Me impresionó que… _____
7. Julia desearía que su madre… _____
8. Compraron el seguro de estudio… _____
9. Fue una tortura que… _____
10. Le habría gustado… _____

12 A la siguiente carta se le extrajeron algunos verbos. COMPLETA el texto original usando el siguiente banco de verbos.

decidas   dejaras   des   es   gustaría   hayan terminado   hubiéramos intentado   lamento   pareció   pareció
perdones   prometo   pudiéramos   recibas   respetaré   respondas   soportaría   volvamos

Hola Susanita. Nunca pensé que tendría el valor de volver a escribirte. Me _____ (1) increíble que nos hubiéramos cruzado tan inesperadamente el otro día en el cine. La verdad es que _____ (2) mucho que las cosas entre nosotros _____ (3) tan mal porque siempre te quise mucho. Me _____ (4) que, ahora que nos hemos reencontrado, _____ (5) ser buenos amigos. Extraño mucho nuestras charlas, y _____ (6) hacer todo lo posible para que no _____ (7) a pasar por una situación tan triste como la que vivimos hace años. Aunque _____ (8) posible que no me _____ (9) nunca, el haberte visto el otro día me brindó la fuerza suficiente para intentar contactarte de nuevo y renovar nuestra amistad. También me animé a escribirte porque me _____ (10) triste que no _____ (11) nunca arreglar nuestra situación. Ojalá que me _____ (12) una segunda oportunidad y que me _____ (13) esta carta tan pronto como la _____ (14). No _____ (15) que me _____ (16) esperando tu respuesta. _____ (17) sinceramente lo que _____ (18) sobre un posible reencuentro.

Con amor, Rómulo.

13 Cami y Sol eran amigos de la escuela. Sol iba a cumplir años pronto, y Raúl y Lina, sus padres, invitaron a Cami a celebrar el cumpleaños. Pero, cuando llegó el día, algo sucedió durante la fiesta. ¿Qué sucedió? Para reconstruir lo ocurrido, LEE las siguientes situaciones. ESCRIBE en la columna de la izquierda la opción que mejor describe o complementa la idea de la derecha.

1. Nos encantaría que vinieras a la fiesta de cumpleaños de Sol _____

2. Le habrá pasado algún incidente desagradable durante la fiesta _____

3. Nos encanta que hayas venido a la fiesta de cumpleaños de Sol _____

4. Nos encantó que hubieras venido al a fiesta de cumpleaños de Sol _____

5. Ojalá Cami se esté divirtiendo en la fiesta de cumpleaños de Sol _____

6. Mejor no hubiera venido a la fiesta de cumpleaños de Sol _____

7. Cuando consigas el teléfono de los padres de Sol, pregúntales qué pasó durante la fiesta _____

8. Voy a hablar bien con Sol, para que me explique qué pasó con Cami durante la fiesta; y, apenas sepa la verdad, volveré a hablar con sus padres _____

9. De haberlo sabido, habría actuado de forma diferente _____

a. Cami acaba de llegar a la fiesta, y Raúl y Lina lo saludan en la puerta.

b. La mamá de Cami se imagina lo que él está haciendo en ese preciso momento.

c. Cami se lamenta de que sus padres hayan llamado a los padres de Sol.

d. Después de la fiesta, el padre de Cami quiere que la madre llame a Raúl y a Lina para saber si pasó algo raro en el cumpleaños.

e. Lina ya habló con los padres de Cami y planea tener una conversación con su hija para clarificar las cosas.

f. Cami está aburrido en la fiesta.

g. Cami llegó muy callado de la fiesta y sus padres intentan imaginar qué pasó.

h. Raúl y Lina invitan a Cami a la fiesta.

i. Raúl y Lina llaman a Cami días después de la fiesta para agradecerle su asistencia.

Nos dijo que lo haría hoy mismo

Comunicar lo dicho por otros

14 LEE la siguiente conversación entre Isabela y Felipe. Luego, REPRODUCE la conversación de acuerdo con el contexto propuesto más adelante.

A. Hola, Isabela, soy Felipe.

B. Hola, Felipe. ¿Qué tal?

A. Pues, muy bien, gracias. Te llamo porque voy de camino a Montevideo y ya tengo listas las correcciones que me pediste de los planos del nuevo puente. Solo es necesario cambiar un par de cosas, pero de resto todo está bien. Creo que voy a volver el próximo lunes, y ahí te llamaré para darte más detalles sobre el proyecto.

Contexto

El jefe de Isabela, Vicente, la llama dos días después y le pregunta: "Isabela, ¿ya hablaste con Felipe? ¿Qué te dijo?". Isabela le responde:

_____
_____
_____
_____
_____

15 LEE cuidadosamente las siguientes situaciones y luego COMPLETA las conversaciones de acuerdo con los cambios de día, hora y contexto.

Situación 1

(Punta del Este: sábado, 4:45 p. m.)

A. Ve, Sandra, ¿esa no era Cristina la novia de Santiago?

B. ¡Pues, sí, la mismísima!

A. Pero mira como está de cogidita de la mano con ese hombre. ¿Quién será? Habrá que contarle a Santiago que su novia anda con otro de paseo por la costa.

B. Pero, Mireya, ¡si Santiago y Cristina terminaron hace más de un mes! ¿No lo sabías? Yo me lo encontré la semana pasada cuando estaba comiendo con mi jefe en Il Palazzo, y allá me contó que Cristina se estaba portando muy raro desde hacía un tiempo y que finalmente le había confesado que había conocido a alguien en un viaje de negocios a Bolivia y que cuando habían regresado a Montevideo habían empezado a salir a escondidas. El pobre Santiago estaba súper triste y me invitó a tomar un trago el próximo viernes. Seguramente querrá contarme y que hablemos sobre el tema.

(Montevideo: jueves, 9:25 p. m.)

C. Mireya, ¿qué hay de esa amiga tuya Cristina? Hace tiempo que no me hablas de ella.

A. Ah, ¡si supieras lo que ha pasado! El fin de semana pasado en Punta del Este, Sandra me contó que_____
_____
_____
_____
_____
_____
_____

Situación 2

(Oficina de Agustín: lunes, 10:25 a. m.)

A.   Buenos días, Facundo, ¿me puede pasar a Agustín, por favor?
B.   Buenos días, Jacinto. Él salió a hacer una vuelta y no se demora. ¿Puedo darle alguna razón?
A.   Ay, sí, muchas gracias. Dígale por favor que no voy a poder entregarle hoy a las 4 las maquetas que me pidió, porque se me olvidó que a esa hora tenía una cita médica y no puedo faltar. Que, si quiere, puede pasar a recogerlas a mi oficina que se las voy a dejar con mi secretaria.

(Oficina de Agustín: lunes, 2:25 p. m.)

C.   Hola, Facundo. ¿Algún mensaje?
B.   Sí, _____
_____
_____
_____

Situación 3

(Paysandú, Uruguay: viernes, 3:00 p. m.)

A.   Paloma, ¡qué raro no encontrarte en la oficina a esta hora! En Montevideo son las 5:00 p. m., así que me imagino que allá son las 3:00 p. m. Bueno, en fin, te llamo porque estoy preocupada por la entrega del proyecto el próximo jueves. Quería saber si todo está ya listo con la corrección de estilo, la titulación y la diagramación. Me parece que la foto del desfile debería ir en otro sitio. No me gusta donde está ahora. Intenta hablar con Rigoberto, para ver si podemos cambiarla antes del cierre. Otra cosa, en la revisión que hice ayer me encontré un par de errores de ortografía y puntuación y ¡hay que corregirlos cuanto antes! No podemos publicar la revista con ningún error. Bueno, regreso el martes y hablamos un poco más en persona sobre los detalles de la publicación. Nos vemos.

(Paysandú, Uruguay: lunes, 8:25 a. m.)

B.   Carlitos, no te imaginas el susto que tengo de ver a la jefe mañana. Resulta que el viernes me escapé del trabajo temprano, y justo ella me llamó y no me encontró. Me dejó un mensaje en el que sonaba bastante seria.

C.   ¿Sí? ¿Y qué te dijo?
B.   Pues verás, me dijo que _____
_____
_____
_____
_____
_____

Nos preguntaron qué tan ecológicos éramos

Comunicar lo dicho por otros

16 El practicante de periodismo de un periódico local ha mezclado fragmentos de tres noticias de las agencias de prensa (noticia A, noticia B y noticia C), y tiene que separarlas antes de entregárselas a los respectivos periodistas. LEE el texto, IDENTIFICA cada noticia y ORDENA sus fragmentos (noticia A: A1, A2, A3; noticia B: B1, B2, B3; noticia C: C1, C2, C3). INDICA al final de cada fragmento el número donde continúa la noticia.

Modelo: *(A1)* <u>En Vietnam se identificó un caso extremadamente raro de mellizos biparentales, es decir con padres distintos. En el *11*</u>

2. (   ) Los restaurantes de la ciudad con mesas al aire libre pueden ahora darles la bienvenida a comensales peluditos. ____

3. (   ) Un indigente que dormía dentro de un basurero sobrevivió a un ciclo de compactación después de que los ____

4. (   ) los amantes de los perros, permitiéndonos llevarlos a lugares públicos correctamente adecuados para acogerlos". ____

5. (   ) presiones de su familia, ya que los mellizos no se parecían. Uno de los niños tiene pelo grueso y ondulado mientras ____

6. (   ) compactador. El hombre sobrevivió al abrirse paso hasta una apertura en el techo cuando el camión se detuvo. ____

7. (   ) hombre estaba durmiendo dentro del basurero cuando el recolector de basuras recogió los desechos y activó el ____

8. (   ) restauradores partícipes en este proyecto dijo: "Estoy muy feliz de que el gobierno local nos haya aventado un hueso a ____

9. (   ) que el otro lo tiene delgado y lacio. Los mellizos nacieron el mismo día y tienen el mismo sexo. ____

10. (   ) desechos fueran arrojados al interior de un camión recolector de desperdicios. Las autoridades dijeron que el ____

11. *(A2)* mundo sólo se habían conocido siete casos de estos hasta el 2011. El papá oficial se hizo pruebas de ADN por ____

12. (   ) Los perros que tengan todas sus vacunas al día podrán ir con sus amos a estos espacios *pet friendly*. Uno de los ____

Noticias adaptadas de http://www.elheraldo.co/notas-curiosas

Ahora, PONLE un título a cada noticia y REESCRIBE lo que dice cada una de ellas, usando el estilo indirecto.

NOTICIA A	NOTICIA B	NOTICIA C
Título: _____	Título: _____	Título: _____
Esta noticia dice que… _____	Esta noticia dice que… _____	Esta noticia dice que… _____

17 Max, un estudiante extranjero de español, asistió ayer a una conferencia llamada "*¿Cómo hacer frente al cambio climático?*" Después Max hizo un reporte para su clase sobre lo dicho en esta charla, pero cometió algunos errores. LEE su informe y CORRIGE los 10 errores de conjugación que hay en el texto.

En la conferencia sobre Cambio Climático a la que la profe nos sugirió que *asistimos* (Modelo) ayer se plantearon cosas muy interesantes. Unas recomendaciones fueron muy simples y de sentido común, pero otras nunca las había considerado. Dentro de todas las cosas que se comentaron, me parece importante resaltar algunas. Para empezar, nos dijeron que usamos empaques biodegradables porque eran menos contaminantes. Luego, nos recomendaron que plantemos árboles cerca de nuestras casas, ya que esto podría mejorar el control de la temperatura en nuestras viviendas. Así mismo, uno de los expositores nos instó a que utilicen el transporte público y la bicicleta. Otra de las expertas en medio ambiente habló de la importancia de reutilizando las bolsas de plástico, pues sabía que en Medellín todavía no eran comunes las bolsas de papel o de tela, y también pidió que no dejábamos abiertas las llaves mientras no estuviéramos usando el agua.

También hay otras cosas que me llamaron la atención y que creo que intentaré aplicar en mi casa. En este sentido, nos propusieron que no utilizaríamos el agua caliente para lavar la ropa o los platos y que reciclamos los envases y recipientes de los productos que consumimos a diario. Me sorprendió cuando hablaron de los productos de belleza, pues dijeron que sería mejor si compráramos maquillaje elaborado con ingredientes naturales, y no derivados del petróleo, y yo no tenía ni idea de que estos productos tuvieran este ingrediente. Finalmente, ellos dijeron algo que me parece muy obvio, pero que raramente aplicamos en nuestras vidas, y es que nos invitaron a que solo consumimos lo que necesitemos y a que compráramos carros que no emitieran muchos gases de invernadero.

1. *asistiéramos*   2. _____   3. _____   4. _____   5. _____

6. _____   7. _____   8. _____   9. _____   10. _____

18 Como a la profesora y a los compañeros de Max les parecieron muy interesantes las recomendaciones del ejercicio anterior y quieren pasárselas a sus amigos y familiares, han decidido ponerlas en frases simples en la forma original en que se dijeron en la conferencia. ESCRIBE esas 10 recomendaciones en la forma en que fueron dichas en la charla.

Modelo: *La profe nos sugirió que asistiéramos*.

1. _____

2. _____

3. _____

4. _____

5. _____

6. _____

7. _____

8. _____

9. _____

10. _____

Aprendamos sobre...

... Política ambiental

19 El siguiente es un fragmento del discurso que el expresidente uruguayo José Mujica dio en 2012, en Río+20. Alguien, sin querer, le tachó a la primera parte algunas palabras importantes. LEE esta sección del discurso cuidadosamente y SIGUE las pistas dadas para UBICAR de nuevo las palabras faltantes en el texto.

civilización   corta   crisis   está agrediendo   ha deparado   hoy   la   mirar   ningún   nos   para   pasaría

planeta   que   ricas   se paraliza   sociedades   una   úselo

Modelo: Toda la tarde se ha hablado del desarrollo sustentable. De sacar las inmensas masas de la pobreza. ¿Qué es lo que aletea en nuestras cabezas? ¿El modelo de desarrollo y de consumo, que es el actual de las sociedades _ricas_?^{adj+pl+fem}

1. verb+cond+3aPSing
2. sus+pl+fem
3. sus+sing+fem
4. verb+pret comp+3aPSing
5. verb+in
6. poi-1aPPl
7. art def-sing-fem
8. pron rel
9. verb+prest+3aPSing
10. art indef-sing-fem
11. sus-sing-fem
12. adverb+demost+tiempo
13. sus-sing-masc
14. prepos
15. adj+sing+fem
16. adj+indef+masc
17. forma pasiva
18. verb+progr+3aPSing
19. verb+imper+2aPSing

Me hago esta pregunta: ¿qué le _____ (1) a este planeta si los hindúes tuvieran la misma proporción de autos por familia que tienen los alemanes? ¿Cuánto oxígeno nos quedaría para poder respirar? Más claro: ¿tiene el mundo hoy los elementos materiales como para hacer posible que 7 mil u 8 mil millones de personas puedan tener el mismo grado de consumo y de despilfarro que tienen las más opulentas _____ (2) occidentales? ¿Será eso posible? ¿O tendremos que darnos, algún día, otro tipo de discusión? Porque hemos creado esta _____ (3) en la que estamos: hija del mercado, hija de la competencia y que _____ (4) un progreso material portentoso y explosivo. Pero la economía de mercado ha creado sociedades de mercado. Y nos ha deparado esta globalización, que significa _____ (5) por todo el planeta.

¿Estamos gobernando la globalización o la globalización _____ (6) gobierna a nosotros? ¿Es posible hablar de solidaridad y de que "estamos todos juntos" en una economía basada en _____ (7) competencia despiadada? ¿Hasta dónde llega nuestra fraternidad? No digo nada de esto para negar la importancia de este evento. Por el contrario: el desafío _____ (8) tenemos por delante _____ (9) de _____ (10) magnitud de carácter colosal y la gran _____ (11) no es ecológica, es política. El hombre no gobierna _____ (12) a las fuerzas que ha desatado, sino que las fuerzas que ha desatado gobiernan al hombre. Y a la vida. Porque no venimos al _____ (13) para desarrollarnos solamente, así, en general.

Venimos al planeta _____ (14) ser felices. Porque la vida es _____ (15) y se nos va. Y _____ (16) bien vale como la vida y esto es lo elemental. Pero si la vida se me va a escapar, trabajando y trabajando para consumir un "plus" y la sociedad de consumo es el motor, -porque, en definitiva, si _____ (17) el consumo, se detiene la economía, y si se detiene la economía, aparece el fantasma del estancamiento para cada uno de nosotros- pero ese híper consumo es el que _____ (18) al planeta. Y tienen que generar ese híper consumo, cosa de que las cosas duren poco, porque hay que vender mucho. Y una lamparita eléctrica, entonces, no puede durar más de 1000 horas encendida. ¡Pero hay lamparitas que pueden durar 100 mil horas encendidas! Pero esas no se pueden hacer porque el problema es el mercado, porque tenemos que trabajar y tenemos que sostener una civilización del _____ (19) "y tírelo", y así estamos en un círculo vicioso.

Tomado de https://medios.presidencia.gub.uy/jm_portal/2012/noticias/NO_E600/mujrio.pdf

Escribamos

20 ASOCIA las imágenes con los siguientes conceptos:

a. Congestión vehicular

b. Competencia despiadada

c. Comprador compulsivo

21 ELIGE una de las siguientes preguntas que plantea el exgobernante en su discurso y ESCRIBE tu respuesta. USA, en lo posible, las palabras del ejercicio anterior.

a. ¿Qué le pasaría a este planeta si los hindúes tuvieran la misma proporción de autos por familia que tienen los alemanes?

b. ¿Tiene el mundo hoy los elementos materiales como para hacer posible que 7 mil u 8 mil millones de personas puedan tener el mismo grado de consumo y de despilfarro que tienen las más opulentas sociedades occidentales?

c. ¿Es posible hablar de solidaridad y de que "estamos todos juntos" en una economía basada en la competencia despiadada?

... usar el idioma para:

Formular hipótesis sobre el futuro

1. CONJUGA el verbo en paréntesis en el futuro perfecto compuesto.

1. Sale humo de la cocina. ¿_____ (*dejar*) el fogón encendido?
2. Llamas a tu esposo y sale el contestador de mensajes. ¿A dónde _____ (*ir*) él?
3. No encuentro el helado que compré anoche. ¿Se lo _____ (*comer*) Silvia?
4. Esta mañana encontré una nota bajo mi puerta. ¿Quién la _____ (*dejar*) ahí?
5. La cena lleva 30 minutos sin llegar. ¿Será que el mesero _____ (*olvidar*) mi orden?
6. Este archivo que me diste no tiene los cambios de ayer. ¿Si _____ (*guardar*) los cambios?
7. Encuentras un dinero en tu pantalón. ¿Lo _____ (*poner*) Rigo sin que me diera cuenta?
8. Paulina no encuentra su camisa favorita. ¿La _____ (*coger*) su hermana Laura?
9. Tu novio no contesta tus llamadas. ¿Le _____ (*molestar*) que le hubieras dicho esa mentirilla?
10. Vamos en un tráfico que no se mueve hace rato. ¿_____ (*haber*) un accidente?

Formular y precisar opiniones personales

2. ELIGE la opción correcta para completar las siguientes oraciones.

1. Me ordenaron que yo les ____ unos quesos en el supermercado.
   a. compraba   b. compre   c. comprara
2. Katerina no duda que sus padres ____ la respuesta.
   a. saben   b. sepan   c. sabrían
3. Nos habríamos divertido más si Carlo no ____
   a. hubiera venido   b. habría venido   c. había venido
4. Ojalá encuentre un texto de español que ____ buenas explicaciones del subjuntivo.
   a. tenga   b. tiene   c. haya tenido
5. Me molestaría que mi jefe no ____ el reporte que me puso a hacerle de urgencia para ayer.
   a. leyera   b. hubiera leído   c. haya leído
6. Le ha encantado que le ____ para felicitarla por su cumpleaños.
   a. hayas llamado   b. llamaras   c. llamaste

7. Iré a tu conferencia con tal de que me ____ a esa fiesta tan aburrida el próximo sábado.
   a. acompañes   b. acompañas   c. acompañaras
8. Si te dieras prisa, ____ llegar a tiempo a la charla.
   a. podemos   b. pudiéramos   c. podríamos

Sobre el idioma:

3. USA el estilo indirecto para reescribir las siguientes frases.

1. "No refuto el calentamiento global. Es real, pero ha sido exagerado por muchos. Detengamos esta obsesión por el clima y ocupémonos de problemas más urgentes".(Bjorn Lomborg, académico y activista).

_____
_____
_____
_____
_____

2. "Todo lo que le ocurra a la Tierra, le ocurrirá a los hijos de la Tierra". (Jefe indio de Seattle).

_____
_____
_____
_____
_____

3. "Aunque el hacha derrumbe todo el monte y quemen la guarida de los pájaros y le armen trampas a los tigres viejos, yo plantaré mi árbol…".(Juan Carlos Chebez, ecologista).

_____
_____
_____
_____

4. "El animal tiene, como tú, un corazón que siente. El animal conoce, como tú, la alegría y el dolor. El animal tiene, como tú, sus aspiraciones. El animal tiene, como tú, un derecho a la vida".(Peter Rosegger, escritor y poeta).

_____
_____
_____
_____

Puntaje: _____ **/ 24**

Repasemos

1 **CAMBIA las siguientes oraciones al pasado y PONLE atención a la concordancia verbal.**

1. Espero que Zenaida haya tenido un vuelo placentero.
_____

2. Nos encantaría que Abelardo tuviera más paciencia con su hermana.
_____

3. Van a ir a la cena de Navidad cuando tengan el trabajo listo.
_____

4. Graciela siempre quiere que Genaro le pague la cuenta en el restaurante.
_____

2 **Ayer estuviste en una conferencia sobre entrenamiento de perros. Hoy le cuentas a tu amigo Daniel lo que más te llamó la atención de lo que dijeron los entrenadores especializados. REESCRIBE usando el discurso indirecto.**

Modelo: "Primero hay que entender los instintos y comportamientos básicos del perro y luego se puede empezar el entrenamiento". (Pablo Miranda, entrenador peruano).
Pablo Miranda dijo que primero _había_ que entender los instintos y comportamientos básicos del perro y que luego _se podía empezar el entrenamiento_. (Discurso indirecto)

1. "Debemos recompensar a nuestros perros solo si han logrado la tarea que les hemos pedido". (Marcos Olguín, español). _____
_____

2. "Una vez conocí a un amo que le pegaba a su perro cuando no le obedecía. Mi consejo es que si quieren tener un perro feliz nunca se atrevan a lastimarlo físicamente". (Olga Sánchez, argentina).
_____
_____

3. "Tendrás una mascota feliz cuando sepas apreciar la efectividad del lazo emocional que se forma entre ellos y nosotros. Dale amor y recibirás lo mismo". (Caro Oquendo, mexicana). _____
_____

3 **Estás en una conferencia muy aburrida y tu mente divaga de un pensamiento a otro. COMPLETA el párrafo con el futuro perfecto compuesto de los verbos en paréntesis y MARCA si la oración se refiere a una suposición sobre el pasado (S) o si hace referencia a cómo te imaginas el futuro (F):**

¡Qué alivio! Es casi seguro que para finales de este mes ya _____ (1. pagar) el préstamo estudiantil que tanto me atormenta (S / F). Ojalá que se acabe esa horrible tortura… Uy, pero no, ¡qué preocupación!, no recuerdo si apagué el fogón al salir de casa, ¿lo _____ (2. dejar) encendido? (S / F). ¡Ah!, bueno, tendré que llamar a mi marido para que vaya y revise. Y, a todas estas,… ¿qué _____ (3. pasar) en la telenovela anoche? (S / F). Estaba tan cansada que no me acuerdo de nada, ya me tocará preguntarle a Uriel esta noche… Lo importante ahora es que, si todo sale bien con el tratamiento, para diciembre de este año ya mi esposito y yo _____ (4. tener) nuestro primer hijo (S / F). ¡Qué emoción! No veo la hora de hacerme el examen de sangre para saber si ya estoy embarazada… ¡Ay, no!, ¿por qué estará todo tan calladito? ¿Ya se _____ (5. terminar) la conferencia? (S / F). ¡Qué vergüenza! Hoy estaba tan distraída, que no me he enterado de nada…

Horizontes humanos

Hablar sobre cambios personales

4 LEE cada una de las siguientes oraciones y ESCRIBE en la línea si es gramaticalmente correcta o incorrecta.

1. El flamenco es bailado por los españoles. _____
2. Los españoles bailan flamenco. _____
3. El flamenco está bailado en España. _____
4. Esa región de Colombia está muy elogiada. _____
5. Esa región de Colombia fue muy elogiada por los turistas el año pasado. _____
6. Los turistas han elogiado mucho esa región de Colombia. _____
7. El árbol fue crecido por el jardinero. _____
8. El árbol está muy crecido. _____
9. El árbol seguro crecerá mucho con este clima. _____
10. Los puentes han estado construidos este año. _____
11. Los puentes han sido construidos este año por la Alcaldía. _____
12. La Alcaldía ha construido varios puentes este año. _____

5 Ahora, ESCRIBE las oraciones correctas del ejercicio anterior en la siguiente tabla:

Voz activa	Voz pasiva con *ser*	Voz pasiva con *estar*

6 ORGANIZA los elementos de las siguientes oraciones y DESCUBRIRÁS algunos refranes populares de España.

1. de pan, / falta / buenas / son tortas / A

_____

2. se agarra / ardiendo / A / se está hundiendo / un clavo / el que

_____

3. es / Cada / su silencio / y esclava de / persona / dueña de / sus palabras

_____

4. Si / pueden / hay / ser amigos / y gato / trato, / perro

_____

5. que / El / esté / pecado, / libre de / que / la / tire / piedra / primera

_____

7 **Zeke es un estudiante de español que tiene algunas dificultades con el uso de los verbos _ser_ y _estar_. LEE el correo que quiere enviarle a su novia y ayúdale a ELEGIR cuál de los dos usar en cada caso. CONJUGA los verbos en el tiempo correcto:**

Mi querida Sophie:

Por fin he llegado a Colombia. El viaje _____ (1) horrible. El vuelo se demoró seis horas para salir del aeropuerto de Estocolmo, y cuando por fin despegamos, yo ya _____ (2) supercansado. En los dos trayectos del viaje parecería que las películas _____ (3) seleccionadas por un amante de los clásicos: la más reciente _____ (4) de los años 80. Así que, como las películas _____ (5) tan aburridas, yo también _____ (6) muy aburrido durante todo el recorrido. Finalmente, aterrizamos en el Aeropuerto José María Córdova, y ya _____ (7) medianoche. El aeropuerto _____ (8) desolado, pero, afortunadamente, el hombre que habíamos contratado para transportarme me _____ (9) esperando para llevarme a la ciudad. Este _____ (10) un viaje de 1 hora en coche a través de las hermosas montañas de la región. Al llegar a la ciudad, _____ (11) a punto de desmayarme del cansancio, por lo que me acosté a dormir inmediatamente llegué al hostal. Debo decirte que, después de unos días de _____ (12) aquí, _____ (13) encantado. El lugar _____ (14) muy diferente de como me lo imaginaba. Esta _____ (15) una ciudad moderna y limpia. La gente _____ (16) amabilísima y el valle _____ (17) rodeado de montañas. En este momento _____ (18) en verano y todos los árboles _____ (19) verdes y florecidos. _____ (20) increíble ver que una ciudad que _____ (21) conocida en el mundo entero por su historia de narcotráfico y violencia _____ (22) ahora convertida en un ejemplo de innovación y desarrollo. La próxima semana voy a reunirme con unos amigos de Max que _____ (23) en ella durante la época de los 90 y que, ahora que han vuelto, _____ (24) maravillados con la transformación social del lugar y van a explicarme un poco cómo _____ (25) la situación cuando ellos vivían aquí y las diferencias que ven ahora que han regresado. _____ (26) seguro de que va a _____ (27) una experiencia muy enriquecedora para mí escuchar de primera mano lo que _____ (28) este proceso de cambio de Medellín y de Colombia en la última década. En general, debo confesarte que _____ (29) muy cómodo en este lugar y que, si no _____ (30) por ti, pensaría en quedarme acá.

Te extraño mucho. Besos, Zeke.

8 **Ahora UTILIZA las siguientes expresiones con _ser_ o _estar_ para responderle la carta del ejercicio anterior a Zeke. DECIDE cuál de los dos verbos usar y CONJÚGALO:**

acostumbrada a   ansiosa por   capaz de   contenta con   la primera en   loca por   dispuesta a
imposible de   libre de   parecida a

Mi querido Zeke:

Me alegra mucho recibir tu carta. Yo_____

_____

_____

_____

_____

_____

_____

_____

_____

_____

_____

_____

_____

_____

_____

Lo bueno de este país es su gente

Identificar y corregir

9 LEE las siguientes situaciones con los verbos *ser* y *estar*. ASOCIA las ideas de las dos columnas.

1. No pude tomarme el café esta mañana, casi me quemo porque... ____
2. Mi papá se encontró a Carlos y parece un hombre nuevo... ____
3. Como lo barato sale caro, tuvimos que devolver el carro nuevo porque esa marca... ____
4. Pues hablé con Patricia esta semana, y lo de su madre le ha dado muy duro... ____
5. Yo, la verdad, no quería ir a ese concierto, pero debo reconocer que... ____
6. Nos tocó comprar una nueva computadora porque la anterior ya tiene algunos años y... ____
7. Ese amigo de Carlos que me presentaste la semana pasada me quedó gustando. El hombre... ____
8. Después de varios días tosiendo, me recomendaron que tomara té con jengibre y me siento mucho mejor. Ese remedio... ____

a. estuvo muy bueno.
b. está medio mala.
c. estaba muy caliente.
d. está muy mal.
e. está buenísimo.
f. está muy bien.
g. es medio mala.
h. es buenísimo.

10 ENCUENTRA el sentido de las siguientes expresiones coloquiales con *ser* y *estar*:

1. Nuestro jefe nos pidió que fuéramos a trabajar este fin de semana porque *estamos muy colgados* con el anteproyecto de financiación. ____
2. Como Alberto *es tan arrodillado,* terminó siendo él quien se disculpara con Elena, aunque fue ella quien lo trató mal a él. ____
3. Desde que la invitó de vacaciones a Las Bahamas, mi papi *está súper parado* con mi mamá y ella le lleva todos los caprichos. ____
4. No te preocupes tanto por Carolina. Ella *es muy despierta* y seguro que le va a ir muy bien en su viaje por Asia. ____
5. Gloria y Silvia no quisieron ir con nosotras a las Cataratas del Niágara porque *son muy friolentas.* ____
6. Rosaura me contó que se había separado de Maximiliano porque él *era un hombre muy frío* y a ella le hacía falta más cariño. ____
7. No me gusta que te detengas a hablar con Rubiano cuando traigas el pan en la mañana. Ese *es un viejo verde.* ____
8. No pudimos presentar el proyecto a la Junta Directiva, porque aún *está muy verde* y debemos mejorarlo. ____

a. Estar en buen concepto ante alguien.
b. Tener poca resistencia al frío.
c. Ser poco cariñoso o compasivo.
d. Estar en etapa inicial.
e. Retrasarse en algo.
f. Ser morboso.
g. Ser inteligente.
h. No tener dignidad.

11 Ahora, ESCRIBE tus propios tuits sobre tu experiencia en un país de habla hispana. USA los siguientes *hashtags*:

#Lo rico de... _____

#Lo aburridor de... _____

#Lo gracioso de... _____

#Lo de... _____

#Lo interesante de... _____

#Lo especial de... _____

12 COMPLETA los siguientes tuits de algunos turistas que han visitado España recientemente.

#Lo bueno de   #Lo mejor de   #Lo de   #Eso de   #Lo curioso de   #Lo peor de

1. _____ España es que la gente es tan extrovertida.

2. _____ comer siempre tapas de bar en bar es algo agotador.

3. _____ andar siempre esperando gente es una lata.

4. _____ España es que en verano hace muchísimo calor.

5. _____ este país es su variedad cultural.

6. _____ España es que después de ir, siempre quieres volver.

13 CORRIGE el error en la segunda intervención de las siguientes conversaciones: ESCRIBE en la línea las(s) palabras(s) correcta(s).

1. Hernando: ¿Sabías que el hijo de León se graduó de ingeniero?
   Axel: No, hombre, la que se graduó de ingeniero es Javier.   _____

2. Fabiana: Pues yo creo que Filomena nació en Sevilla.
   Matilde: ¡Qué va! Si cuando nació Filomena fue en San Sebastián.   _____

3. Alba: A las Ramírez les quitaron la casa.
   Jerónimo: Estás equivocada, Alba. A quienes les quitaron la casa estaba a las González.   _____

4. Isaac: Verónica se fue de Colombia en el 2003.
   Ciro: ¿Sí? No, chico, ella donde se había ido era en el 2002.   _____

5. Salvador: La jefe dijo que le preparáramos el informe para mañana.
   Regina: ¡Oíste mal! La que dijo fue que lo preparáramos para pasado mañana.   _____

14 LEE las siguientes definiciones sobre las personas con alta adaptabilidad al cambio y PON el adjetivo correcto:

comprensivo   creativo   curioso   versátil   visionario

1. Inclinado a aprender lo que no conoce y a experimentar cosas nuevas.   _____
2. Capaz de adaptarse con facilidad y rapidez a diversas funciones o tareas.   _____
3. Que se adelanta a su tiempo o tiene una perspectiva clara del futuro.   _____
4. Que posee o estimula la capacidad de creación e invención de cosas y proyectos.   _____
5. Que tiene facultad o capacidad de tolerar las ideas y comportamientos de los otros y de su entorno.   _____

15 COMPLETA las siguientes oraciones con los adjetivos del ejercicio anterior:

1. Siempre he sido una mujer muy _____. Me interesa lo desconocido, y por eso no le tengo miedo a incursionar en temas diferentes ni a aprender sobre nuevos temas.
2. Camilo siempre fue un gran _____. Su amplia visión del mercado le permitió anticiparse a los cambios y ascender en su trabajo.
3. Debido a la amplitud de nuestro negocio, para nosotros es muy importante contar con empleados _____ que no tengan miedo a nuevas funciones y cargos.
4. Luisa es la _____ de este grupo. Todos los nuevos proyectos que hemos realizado este año han sido idea de ella.
5. Si no tuviéramos una jefa tan _____ no tendríamos tanta libertad para compartir nuestras locas ideas y nuestros proyectos.

Llegó a ser el presidente de la empresa
Expresar cambio

16 ESCRIBE la letra que corresponda a los siguientes verbos de cambio con su función comunicativa:

1. *Ponerse* _____: Olga se puso muy feliz cuando su jefe le anunció el aumento de salario.

2. *Quedarse* _____: Se quedaron aterrados de los costosos que están los tiquetes aéreos esta temporada.

3. *Volverse* _____: Andrea se ha vuelto muy presumida desde que compró carro nuevo.

4. *Hacerse* _____: María del Mar se hizo abogada para participar activamente en la defensa de los animales.

5. *Llegar a ser* _____: Fernando llegó a ser jefe de área tras pasar por todos los puestos de la compañía.

6. *Convertirse en* _____: Se convirtió en el hombre más buscado de los ochentas.

7. *Acabar/terminar siendo* _____: ¿Alicia? ¡Qué triste! Acabó siendo una jugadora compulsiva.

a. Se hace énfasis en el cambio, usualmente negativo, involuntario y rápido de un estado a otro.

b. Cambio temporal en el estado físico, de salud, de ánimo o en el comportamiento.

c. Cambio socialmente positivo que se alcanza después de un largo y arduo proceso.

d. Cambio que se considera más voluntario y permanente. Implica un cambio de ideología, religión, etc.

e. Cambio involuntario como resultado de un proceso. A veces es transitorio y a veces es duradero (negativo).

f. Cambio gradual y socialmente negativo.

g. Cambio radical y definitivo.

17 OBSERVA los siguientes dibujos y ESCRIBE una oración para describir los cambios presentados. USA los verbos de cambio del ejercicio anterior.

1. _____
2. _____
3. _____
4. _____
5. _____

18 UNE las siguientes oraciones con la expresión de *ser* o *estar* con la que se pueden asociar:

1. *Me pongo enfermo* cada vez que tengo que dar una conferencia. ____

2. Renata *llegó a ser una modelo* muy reconocida en Colombia. ____

3. Los Ramírez *se hicieron los locos* al ver el maltrato animal. ____

4. *Se quedó fría* cuando oyó a su jefe hablando de despedirla. ____

5. *Se ha vuelto insoportable* desde que lo ascendieron en la empresa. ____

6. Antonio *se ha convertido en un entrenador* muy apetecido. ____

a. Fue famosa.

b. Es creído.

c. Estoy nervioso.

d. Es popular.

e. Son indiferentes.

f. Está sorprendida.

19 LEE la historia de Malena y ELIGE el verbo de cambio apropiado.

No van a creer lo loca que (1) *se ha vuelto / se ha convertido* mi vida últimamente. Mi esposo me dice que me (2) *he puesto / he convertido* en una obsesiva del trabajo, pero la verdad es que todo ha dado un giro de 180 grados desde que me nombraron gerente de ventas para América Latina. Al principio, mi marido y yo (3) *nos pusimos / nos hicimos* muy contentos con el ascenso, pero ahora Mario (4) *se vuelve / se pone* muy serio cada vez que me toca ir de viaje de negocios por 4 o 5 días. Honestamente, yo lo entiendo un poco, pero estoy tan contenta de haber (5) *llegado a ser / terminado siendo* gerente en tan pocos años, que no quiero renunciar a mi nuevo cargo. La última vez que discutimos, Mario me amenazó con dejarme si no renunciaba a este puesto, y yo (6) *me quedé / me puse* muda ante tal osadía. Aunque quiero mucho a mi esposo, sé que este cambio de vida va a (7) *quedarse / terminar siendo* un problema grave para nuestra relación.

20 PON las siguientes palabras o expresiones dentro de la caja que corresponda:

alguien   boquiabiertas   calva   cascarrabias   cojos   desconfiado   de mal humor   de moda   de noche drogadictos   el sordo   embajadora   exigente   importante   imprescindible   insoportable   mayor   militar nerviosa   pensativos   perfeccionista   rojo   solita   triste   un ladrón   vegetariano   víctimas

Llegar a ser	Quedarse	Hacerse
Volverse	**Ponerse**	**Acabar siendo**

21 Ahora PIENSA en una historia de tu vida en la que hayas sufrido cambios y ESCRÍBELA usando al menos cinco de las expresiones de cambio señaladas en el ejercicio anterior.

_____
_____
_____
_____
_____
_____
_____
_____
_____
_____
_____

Lo tengo superdecidido: ¡me voy de casa!

Expresar aprecio o desprecio

22 USA los diminutivos de la palabra en cursiva para expresar cortesía.

1. ¿Os apetece un *café*? _____
2. ¿Me regala una *libra* de sal, porfa? _____
3. Me pidió que le diera un *tiempo* más para pagarme. _____
4. *Gordo*, me vende una docena de huevos, si es tan amable. _____
5. Si no se queda *quieto*, la foto queda movida. _____

23 ESCRIBE dos palabras con cada uno de los siguientes prefijos. USA el diccionario si lo consideras necesario.

1. Híper- _____ _____
2. Súper- _____ _____
3. Ultra- _____ _____
4. Macro- _____ _____
5. Micro- _____ _____
6. Re- _____ _____
7. Sobre- _____ _____
8. Semi- _____ _____
9. Sub- _____ _____

24 LEE el siguiente correo que Claudia le escribe a su amiga Lidia, que vive en Italia. SEÑALA las palabras que estén conformadas con un prefijo o un sufijo.

| *Yourmail* | 🔍 Todas | busca en tu buzón de correo | **Buscar en Mail** | **Buscar en la Web** | Inicio 👤 🏠 |

| Escribir | Para   lidia@yourmail.com | cc/cco   X |
| | Asunto |

Buzón
Borradores (2)
Enviados
Archivo
Spam (1)
Papelera
Vistas inteligentes
Importante
No leído

Hola, querida amiga, Lidia.

Te cuento que hace unas semanitas me encontré con Humberto, el hermanito de mi amiga Julia. ¿Recuerdas? Ese que fue noviecillo mío cuando estábamos en el colegio y era todo flacucho. Él estaba muy emocionado de verme, pero a mí siempre me dio sustico porque no lo veía desde que teníamos 18 años. Pues no te imaginas lo regordete que está ahora, ¡casi no lo reconozco! En todo caso, me dio mucha alegría verlo porque hablando con él me acordé de lo bonachón que era y nos reímos a carcajadas recordando lo tontuelos que éramos en esa época. Sigue igual de superdotado e hiperactivo, no paró de hablar ni un minutito.Te manda muchas saludes y me pidió que te diera su correo para que le escribieras. Acá te lo mando por si te animas: humberto@yourmail.com

Un abrazo,Claudia.

25 Ahora tú eres Lidia. USA los prefijos y sufijos encontrados en el ejercicio anterior para conformar nuevas palabras y ESCRÍBELE un correo a Humberto.

_____
_____
_____
_____
_____
_____
_____

26 A cada línea del siguiente texto sobre la transición en España le falta la palabra que está escrita al lado derecho. LEE e INDICA con un símbolo "^" el lugar donde debe ir la palabra SIGUE el modelo.

Después de la muerte del dictador Francisco Franco ^ 1975, España sufrió una época	~~en~~
de grandes cambios conocida La Transición. Este momento de la historia española	como
estuvo marcado diferentes fenómenos de transformación, tanto en la cultura como	por
en la política y en la forma de vivir del pueblo español. Uno de fenómenos	estos
contraculturales se conoce como La Movida Madrileña, y ubica, en general, entre	se
1977 y 1978 a través, principalmente, auge del punk en la ciudad como	del
manifestación de las culturas marginales y *underground* de época. Esta tendencia	la
cultural fue expandiéndose a lo largo de otras ciudades del país, el apoyo de algunos	con
gobernantes posfranquistas que buscaban proyectar la imagen de España moderna,	una
opuesta la represión y al conservatismo del gobierno dictatorial de Franco,	a
intentaban consolidar la recién nacida democracia.	e
A partir de esta movida musical, empezaron también a surgir nuevas actitudes a	frente
otros ámbitos de la expresión artística y social. el caso del Séptimo Arte, esta	En
apertura se conoce como El Destape y manifestó principalmente en el género de	se
comedia, a través de la aparición de desnudos femeninos algunos consideran como	que
una época machista marcadamente sexual comercial del cine ibérico.	y
bien los dos casos anteriores muestran claramente los efectos de la transición de	Si
cuarenta años de dictadura a nueva democracia, estos no fueron los únicos. Nuevas	una
tendencias en la literatura, la televisión, la prensa, el teatro, etc. son algunas de las	solo
esferas de expresión en las la desaparición de la censura franquista tuvieron	que
resultados visibles.	

27 Ahora piensa en alguna etapa de cambio de la historia de tu país y ESCRIBE un párrafo como el anterior.

_____
_____
_____
_____
_____
_____
_____
_____
_____
_____
_____
_____
_____
_____
_____
_____
_____

Aprendamos sobre...

... Desarrollo Humano

El Índice de Desarrollo Humano (IDH)

El Índice de Desarrollo Humano (IDH) es una medida que surge en 1990, de un informe efectuado por el Programa de las Naciones Unidas para el Desarrollo Humano, que busca determinar el nivel de desarrollo de un país; es decir, si este es desarrollado, en desarrollo o subdesarrollado. En este sistema de medición se consideran tres aspectos principales del desarrollo humano, para establecer el avance anual de cada país en dicha escala: el disfrutar de una vida larga y saludable, el acceso a la educación y un nivel de vida digno. Para cada una de estas dimensiones se calculan también los logros de cada país, en indicadores como esperanza de vida al nacer, años promedio de escolaridad, años esperados de escolarización e ingreso familiar disponible o consumo per cápita. Luego, se comparan los resultados por países y, de acuerdo con su progreso, se clasifican en cuatro grandes categorías: muy alto, alto, medio y bajo.

Los países desarrollados serían: según el Fondo Monetario Internacional (FMI), aquellos con un IDH muy alto y con un estatus de economía avanzada; y según el Banco Mundial, aquellos que poseen un nivel de ingresos altos. Alemania es un buen ejemplo de un país que cumple con estos tres requisitos. En Latinoamérica, Chile tiene un IDH muy elevado y es un país de ingresos altos, pero su industrialización no alcanza para clasificarlo como desarrollado, y por eso no está en la lista de economías avanzadas del FMI.

Dentro de la categoría de países en desarrollo se encuentran aquellos que, o tienen un IDH entre 0,50 y 0,80 y tienen una renta per cápita superior a los 8000 USD, o aquellos que no cumplen con ninguno de estos dos requisitos pero tienen una economía o un despliegue económico de un tamaño determinado (p. e. China, India e Indonesia). Un país en desarrollo despliega entonces ciertas características comunes, tales y como cambio social, migración del campo a las ciudades, alejamiento de la agricultura hacia la industrialización, etc. Colombia está catalogado como un país en vías de desarrollo.

Por último, la categoría de país subdesarrollado es un poco problemática debido a la falta de consenso sobre su definición; sin embargo, hay algunos rasgos comunes en estos países que afectan su desarrollo, entre los que se incluyen: economía basada en el sector primario, comercio exterior desfavorable, elevada tasa de mortalidad infantil, desocupación y subocupación masiva, sobrepoblación relativa, bajo nivel educativo, ingreso bajo, mal distribuido e irracionalmente utilizado y régimen político corrupto, entre otros.

En la tabla de la derecha se presenta una lista de algunos países en el mundo y su (IDH), Índice de Desarrollo Humano, su producto interno bruto (PIB) y su ingreso per cápita (IPC), en dólares americanos. Los datos se han recopilado de varias fuentes (año 2016).

PAÍS	IDH	PIB - USD millones	IPC - USD
ARABIA SAUDITA	0,836	711.050	24.953
AUSTRALIA	0,933	1.584.419	64.578
CAMBODIA	0,584	14.083	1.028
COLOMBIA	0,711	378.415	8.031
HAITÍ	0,471	8.458	819
HUNGRÍA	0,818	124.600	13.388
MALI	0,407	10.308	646
NIGERIA	0,337	6.568	443
NORUEGA	0,944	515.800	100.579
PAKISTÁN	0,537	236.500	1.275
SUDÁFRICA	0,658	384.313	6.621
VENEZUELA	0,764	382.424	7.576

28 **A. BUSCA en internet y ACTUALIZA los datos a la fecha actual.**

B. COMPLETA el siguiente diagrama, basándote en la información anterior:

Nigeria

Subdesarrollados | **En desarrollo** | **Desarrollados**

Escribamos

29 LEE algunas de las conclusiones sacadas del reporte de IDH y ESCRIBE una lista de sugerencias que les harías a los gobiernos de dichos países para mejorar la situación de sus habitantes. SIGUE el modelo.

1
2200 millones de personas viven en condiciones de vulnerabilidad crónica, en situación de pobreza o en riesgo de padecerla.

2
80% de la población mundial no tiene acceso a seguro de desempleo ni a sistema de pensiones.

3
El papel de las mujeres en la sociedad sigue estando rezagado con respecto al de los hombres.

4
12% de la población mundial sufre de hambre crónico.

5
Las minorías (religiosas, étnicas, de género, etc.) siguen siendo las poblaciones más vulnerables.

6
El IDH muestra una reducción global en el ritmo de crecimiento.

7
La mitad de la fuerza laboral mundial tiene trabajos informales o precarios.

8
Aumentó la desigualdad en los ingresos, aún en países desarrollados.

9
217 millones de personas viven con 4 a 10 dólares por día.

Mis sugerencias: *primero, sugiero que, con el fin de evitar la discriminación de género, se recompense económicamente a las mujeres por su labor como madres, amas de casa y cuidadoras. También,* _____

_____

_____

_____

_____

_____

_____

_____

_____

_____

_____

_____

_____

_____

_____

_____

_____

_____

_____

_____

_____

_____

_____

> **... usar el idioma para:**

Identificar

1. ELIGE y completa las oraciones de forma lógica:

*Eso de   Lo peligroso de   Lo más difícil de
Lo bueno de   Lo único malo de*

1. _____ bailar salsa es coordinar los pies con el ritmo de la música.
2. _____ visitar Medellín en Navidad es la lluvia constante.
3. _____ aprender otro idioma es que puedes comunicarte con más personas.
4. _____ esperar a la gente todo el tiempo es algo muy frustrante.
5. _____ hacer deportes extremos es que no tengas un equipo confiable.

Corregir

2. CORRIGE la siguiente información:

1. Catalina es periodista de la Universidad Complutense (*enfermera*).
_____

2. Estela trabajó cinco años en Valladolid (*Cataluña*).
_____

3. Augusto viajó a las Islas Canarias en el 98 (*88*).
_____

4. Valentina es su mejor amiga (*Santiago*).
_____

5. Me pidió que la llamara (*esperara*).
_____

Expresar cambio

3. ELIGE la opción correcta:

1. Su papá ___ furioso cuando supo que no había pasado a la universidad.
   a. se volvió   b. se convirtió   c. se puso
2. Ayer vi a Larissa en el supermercado y ___ la loca para no saludarme.
   a. se hizo   b. se convirtió   c. se puso
3. Anastasio ___ el mejor médico de la UCI.
   a. se transformó   b. llegó a ser   c. se convirtió

4. Paco y Lucía ___ boquiabiertos con la belleza de Guatapé.
   a. se pusieron   b. se quedaron   c. se volvieron

Expresar aprecio o desprecio

4. USA los siguientes sufijos aumentativos para modificar las palabras dadas:

*-ote/-ota   -ón/-ona   -azo/-aza   -acho/-aracho
-achón/-achona*

1. Amigo	_____	2. Cuarenta	_____
3. Popular	_____	4. Madre	_____
5. Fuerte	_____	6. Hombre	_____
7. Bueno	_____	8. Inocente	_____
9. Cuerpo	_____	10. Grande	_____

> **Sobre el idioma:**

En español, los verbos *ser* y *estar* se usan para describir las cualidades inherentes a alguien o a algo o para referirse a la condición de una persona, lugar u objeto.

5. UBICA los usos de *ser* y *estar* en la siguiente tabla. PON también la letra correspondiente:

a. Caracterización	b. Localización espacial
c. Temperatura	d. Parentesco o relación
e. Material y posesión	f. Acción en progreso
g. Profesión y religión	h. Ocupación temporal
i. Estado de ánimo, físico, mental	j. Ubicación temporal y espacial de un evento

Ser	Estar

Puntaje: _____ **/30**

Repasemos

1 **ELIGE el verbo *ser* o *estar* para completar cada oración y CONJUGA.**

1. *Don de lenguas* _____ (a) una novela policiaca. Hay crimen y _____ (b) muy bien resuelto; sin embargo, su grandísimo logro _____ (c) la ambientación, a la que se puede considerar un personaje más de la obra.
2. *La Isla mínima* _____ (a) una película española del 2014 que _____ (b) nominada a 17 premios Goya, de los cuales ganó 10. Se dice que _____ (c) bastante bien lograda y que recuerda la obra de los hermanos Cohen.
3. Los cuadros del pintor español Eduardo Naranjo _____(a) inquietantes, complejos. Su dibujo, perfecto, y el conjunto de su obra _____ (b) plagado de metáforas, fantasía y onirismo.
4. Alfonso Penela _____(a) un arquitecto gallego que ha ganado varios concursos significativos y que cuenta con publicaciones en diversos medios especializados. Su trabajo _____ (b) inscrito en una constante búsqueda del lenguaje arquitectónico de su natal Galicia.
5. Cristina De Middel quizás no _____ (a) la fotógrafa española más joven, pero sí _____ (b) una de las más representativas a nivel internacional con su trabajo *Los afronautas*.

2 **SEÑALA las cinco oraciones donde haya problemas con el uso de *ser* y *estar* y CORRÍGELAS:**

Modelo: Paulina es de enfermera en una clínica privada. *Está de enfermera*
1. La última novela que leí de Alicia Giménez Barlett era muy interesante. _____
2. La conferencia sobre arte contemporáneo está en el Auditorio de la Universidad. _____
3. La verdad es que él está sordo de nacimiento y no hay nada que hacer. _____
4. Los representantes a la Cámara estarán elegidos el próximo mes. _____
5. El presupuesto está listo desde hace más de un mes. _____
6. La reunión del equipo financiero es a las 2 de la tarde. _____
7. La estación de buses es en aquella esquina de allá. _____
8. Mi casa fue construida con el estilo arquitectónico de la época. _____
9. Estamos de vacaciones ahora y no queremos interrupciones. _____

3 **UNE las dos columnas para formar oraciones con sentido. ESCRIBE la letra correspondiente.**

1. Ya me estoy haciendo ___
2. Mi perro siempre se pone ___
3. Karla se volvió ___
4. Mateo se quedó ___
5. Lucho ha llegado a ser ___
6. Se convirtieron ___

a. muy nervioso cuando escucha gente afuera.
b. al cristianismo para poder quedarse en el país.
c. vieja para estas cosas. Necesito cambiar mi estilo de vida.
d. campeón nacional de la Liga de Tenis.
e. muy arrogante después de que la ascendieron.
f. ciego después del accidente.

4 **SUBRAYA el prefijo o el sufijo de las siguientes palabras:**

1. ram<u>ito</u>
2. trompetazo
3. hipertensión
4. populacho
5. superponer
6. papayuela
7. bobalicona
8. ultraliviano
9. frailecito
10. ultramundo
11. cabezón
12. pececito
13. hiperventilar
14. gatito
15. superdotada
16. callejuela

Ciudadanía y política
Expresar intención

5 COMPLETA la siguiente tabla con la información faltante. Algunos tienen doble participio.

	Infinitivo	Gerundio	Participio
1.			afectado
2.			convertido/converso
3.		cumpliendo	
4.	elegir		
5.		expresando	
6.	generar		
7.			impuesto
8.		mereciendo	
9.			percibido
10.	pertenecer		
11.		reflejando	
12.	resolver		

6 USA las siguientes palabras del ejercicio anterior para crear oraciones con sentido.

1. Converso: _____
2. Cumpliendo: _____
3. Impuesto: _____
4. Mereciendo: _____
5. Resolver: _____
6. Expresando: _____

7 LEE el siguiente texto y SEÑALA las formas no personales del verbo que encuentres (infinitivo, participio o gerundio).

No solo entretener, sino también llamar la atención de la humanidad sobre diferentes tragedias, crisis y abusos ha sido una de las intenciones del Arte a través de la historia. Esto también es cierto en la época actual. Partiendo de la creciente problemática de los refugiados en Europa, muchos artistas alrededor del mundo han manifestado su preocupación por medio de obras a favor o en contra de este fenómeno.

En Viena, por ejemplo, un grupo de refugiados que asistían a la obra de teatro *Los suplicantes* fueron interrumpidos por unos manifestantes que, alzando banderas y pancartas, se oponían a su presencia en el país. Pero no solo el sentir de los opositores se ha hecho presente en Europa, también el sufrir de los refugiados se ha plasmado en diferentes expresiones artísticas. *El border crossing*, género literario plagado de testimonios y experiencias de inmigrantes, exiliados y refugiados, busca despertar la conciencia europea sobre las dificultades vividas por estas personas en su viacrucis para llegar al Viejo Continente.

Por su parte, el artista chino Ai Weiwei, buscando incentivar la reflexión de sus colegas, ha fundado un taller para que otros artistas creen proyectos relacionados con esta crisis humanitaria. Pero Weiwei, destacado opositor del régimen comunista, también critica con su propio arte. En una ocasión montó una instalación con 14.000 chalecos salvavidas abandonados por los refugiados que lograron cruzar el Egeo. Con estas obras, más que vender, el artista espera mover a la gente a actuar a favor de estas víctimas del rechazo humanitario.

Asimismo, en Inglaterra, el artista callejero Bansky, motivado por el maltrato policial ante este movimiento masivo de inmigrantes, ha plasmado en las calles del país imágenes en las que critica duramente el rol de las autoridades, llegando incluso a apropiarse de personajes como Cosette, la niña de *Los miserables*. De igual manera, unos 800 artistas franceses, liderados por algunos cineastas, han plantado cara al gobierno francés, exigiéndole que no intervenga en los campamentos de refugiados de Calais.

Intentando hacer oír las penas de estos desplazados, bandas como *Kindness*, de Gran Bretaña, escriben canciones que cuentan sus horribles experiencias de sufrimiento y de lucha por la supervivencia. Finalmente, denunciar y criticar la opresión de estas personas es el objetivo primordial de directores de películas como *Muros y Tarajal*, enfocadas en historias de seres fronterizos y en su discriminación.

Como puede verse, aunque sometidos a tratos y experiencias aterradoras, los inmigrantes y los refugiados no están completamente solos en su peregrinar, sino que cuentan con el apoyo de personas interesadas en mejorar su situación. Para ellos, los artistas y su capacidad de alcance y divulgación se han convertido en una herramienta clave para su defensa.

8 **ELIGE falso (F) o verdadero (V) sobre la lectura del ejercicio anterior:**

1. La función principal del Arte es solo estética. ( )
2. Un grupo de vieneses asistía a la obra de teatro *Los suplicantes*. ( )
3. Los refugiados que llegan a Europa deben vivir todo un calvario. ( )
4. Ai Weiwei limita su acción a la motivación de otros artistas. ( )
5. En Francia, diversos artistas cuestionan la intervención del Gobierno. ( )

9 **USA algunas de las *formas no personales del verbo* del recuadro, u otras, para escribir tu opinión sobre la influencia o alcance que puede tener el arte en otros temas de impacto global.**

analizado/a(s) contemplando crear criticado/a(s) entender esperando expuesto/a(s) hablando hacer pintar planteado/a(s) presentado/a(s) poder querer retomando siendo suponiendo

_____
_____
_____
_____
_____
_____
_____
_____
_____
_____
_____
_____
_____
_____
_____
_____
_____
_____

El *Guernica* volvió a pisar tierra española

Interpretar y valorar

10 IDENTIFICA la perífrasis verbal que mejor describe cada imagen:

1. Debe *de tener* un gran problema: ____
2. *Va a llamarlos* para darles la buena noticia: ____
3. *Andan hablando* mal de mí: ____
4. *Llevamos leída* la mitad de ese libro: ____
5. *Tiene que estudiar* mucho para el examen: ____
6. Si nos esforzamos, *podremos alcanzar* nuestras metas: ____
7. *Comenzaron a bailar* tan pronto como escucharon su canción favorita: ____
8. Por fin *dejó de fumar*: ____
9. *Llevabas sin venir* a revisión más de dos años: ____
10. *Rompió a llover*, y yo sin sombrilla: ____

11 LEE las siguientes oraciones e INDICA la función que te parezca adecuada para las perífrasis verbales en cursiva.

1. *Tienes que practicar* más para la obra de teatro. ____
2. *Suelen llegar* al trabajo con cinco minutos de retraso. ____
3. La reunión *quedó programada* para el mes entrante. ____
4. *Lleva lloviendo* más de dos meses. ____
5. No *volveremos a comer* en ese restaurante. ____
6. *Echaste a correr* apenas viste ese perro tan grande. ____
7. Los que trabajan duro *pueden alcanzar* sus metas. ____
8. *Deben de tener* mucho dinero si viven en ese barrio tan caro. ____
9. *Sigo estudiando* alemán por las tardes. ____
10. *Tenemos compradas* todas las bebidas del picnic. ____

a. inicio.
b. costumbre.
c. suposición.
d. posibilidad.
e. repetición.
f. reanudación.
g. terminación.
h. resultado.
i. obligación.
j. duración.

12 LEE el siguiente correo electrónico que Manuel le envió a su amiga Irene sobre su exposición de pintura y SEÑALA las diez perífrasis verbales que hay en él.

Yourmail   Todas   busca en tu buzón de correo   Buscar en Mail   Buscar en la Web   Inicio

Escribir

Buzón

Borradores (2)

Enviados

Archivo

Spam (1)

Papelera

Vistas inteligentes

Importante
No leído

Para   irene@yourmail.com   cc/cco   x
Asunto

Hola, Irene.

Me preguntaste en tu último correo por la preparación de mi próxima exposición de pintura en el MAM, pero no he vuelto a escribirte porque estoy por colapsar con tanto trabajo. Te cuento que empezamos a organizar la exposición con mucha ilusión, pero llevamos trabajando dos meses en el tema con la directora del MAM y aún nos falta por concretar algunos detalles. Ya sabes que para este tipo de eventos hay que planear con cuidado cada cosa, y a veces la directora y yo no acabamos de ponernos de acuerdo sobre temas aparentemente simples; sin embargo, la situación viene mejorando desde hace algunos días y creo que para el mes que viene ya tendremos decidida una fecha de inauguración. Apenas tenga la fecha exacta te escribo, para que puedas venir a acompañarme en este importante momento de mi carrera artística.

Un abrazo, Manuel.

13 Ahora, COMPLETA el correo que Irene le respondió a Manuel sobre su mensaje del ejercicio anterior, usando las perífrasis verbales del recuadro:

pondrías a preparar   ponerte a pelear   dejes de planear   va a ser   quiere tener   debes de estar

puedo asegurarte   volver a saber   acabo de leer   tendrías que llenarte

Yourmail   Todas   busca en tu buzón de correo   Buscar en Mail   Buscar en la Web   Inicio

Escribir

Buzón

Borradores (2)

Enviados

Archivo

Spam (1)

Papelera

Vistas inteligentes

Importante
No leído

Para   manuel@yourmail.com   cc/cco   x
Asunto

Hola, Manuel.

Me alegra mucho _____ (1) de ti. _____ (2) tu mensaje y, por lo que me cuentas, imagino que _____ (3) muy estresado y emocionado a la vez. Desde que me contaste que te _____ (4) tu primera gran exposición con Marina, la directora del Museo, me imaginé que _____ (5) de paciencia para no _____ (6) con ella todo el tiempo. Yo la conozco muy bien, y sé que, aunque es una excelente persona, siempre _____ (7) la razón en todo. De todas formas, no _____ (8) este evento con ella, pues _____ (9) que es la que más sabe de arte en la ciudad. Sé que todo _____ (10) espectacular y prometo que allá estaré contigo en ese día tan especial.

Ánimo, Irene

14 ESCRIBE un correo a tu familia contándole una experiencia significativa en este momento de tu vida. UTILIZA diez perífrasis verbales.

_____
_____
_____
_____
_____
_____
_____
_____
_____

Se les permitió todo tipo de expresión

Expresar posición, acuerdo, desacuerdo o escepticismo

15 LEE el siguiente texto, titulado "El amor en el séptimo arte español", y SEÑALA los diez casos en los cuales el pronombre *se* no es necesario.

Penélope Cruz y Javier Bardem son dos de los actores españoles más reconocidos internacionalmente. Se conocieron en el 92, cuando se estaban rodando la película *Jamón*, del ya fallecido director Bigas Luna. Sin embargo, en esa ocasión no se surgió el amor entre los jóvenes artistas, quienes sí se enamoraron 16 años después cuando se volvieron a encontrar en un set de grabación para hacer la película *Vicky, Cristina, Barcelona*, del director estadounidense Woody Allen.

Antes de que se empezaran su relación, Penélope y Javier ya se habían logrado una fama considerable de forma individual, por sus trabajos en renombradas y galardonadas películas. Aunque Cruz se hizo famosa también por sus innumerables romances con famosos galanes de Hollywood, Bardem se supo mantener su vida amorosa bajo un perfil mucho más bajo que el de su actual compañera sentimental.

Desde el primer momento en que se hizo pública su relación, la pareja se ha querido mantener su relación lejos de los *paparazzi* y del ojo público. Gracias a su cautela y esfuerzo, se han sido pocas las ocasiones en que los medios se han sido testigos del amor que se profesan.

Desde que se iniciaron su relación, y aún después de que se casaron en una ceremonia privada en el verano del 2007, Javier y Penélope se han esforzado por mantener una vida normal, alejada del bullicio y la locura de las cámaras y los periodistas. Es más, esta famosísima pareja se busca hacer una vida normal siempre que su trabajo se lo permita y disfrutan relajándose y divirtiéndose en familia con sus dos hijos.

16 Octavio, Rosario y sus amigos han tenido un día de perros. Todo les ha salido mal. REESCRIBE el diario de Octavio y USA el *se* accidental con las oraciones subrayadas para contar de nuevo la historia.

¡Qué día tan terrible! Desde que me levanté todo empezó mal. Para empezar, no pude despertarme a tiempo para mi trabajo porque olvidé poner el despertador (1), y cuando mi jefe me llamó a casa furioso, ya eran las 9:15 de la mañana. Tan pronto como salí de la cama quise llamar a Rosario para que me recogiera en su carro, pues la gasolina de mi auto se acabó (2) y no podía usarlo, pero la batería de mi celular se había agotado (3) y no me sabía su teléfono de memoria. Justo en ese momento volvió a sonar el teléfono fijo, y era Rosario. Pero, como un mal nunca viene solo, ella me llamaba para contarme que estaba atrapada en casa, pues había perdido sus llaves (4) y no podía dejar su casa sin seguro. Frustrado, decidí pasar adonde mis amigos que viven en la casa del lado, para que me prestaran su carro, pero no pudieron prestármelo porque tenía las llantas desinfladas (5). Para colmo de males, cuando regresé a casa encontré a mis padres con sus maletas sentados frente a la puerta. ¡Había olvidado que hoy llegaban a visitarme! (6) Finalmente, tuve que quedarme en casa con ellos y cancelar un par de compromisos que tenía para esa noche.

1. _____ 2. _____
3. _____ 4. _____
5. _____ 6. _____

17 ESCRIBE preguntas lógicas con pronombres de objeto directo e indirecto para las respuestas dadas.

Modelo: ¿Le diste a Cristina la plata_____?   *Se la di a Cristina ayer.*

1. ¿_____?   a. Se los traje a Jairo esta mañana.

2. ¿_____?   b. Se la contaré a tus padres otro día.

3. ¿_____?   c. Se los prestaron a María José por una semana.

4. ¿_____?   d. Se lo entregué a tus hijos casi nuevo.

5. ¿_____?   e. Se las regalamos a las tías en Navidad.

18 COMPLETA las oraciones con el verbo en paréntesis conjugado en la forma correcta.

1. Se _____ (*comer*) muy bien en el sur de España.

2. Se _____ (*pensar*) muchas cosas positivas de la vida en Barcelona.

3. Se _____ (*conocer*) muchas obras maestras de pintores españoles.

4. Se _____ (*valorar*) la producción literaria de la Península Ibérica.

5. Se _____ (*producir*) muchos tipos vinos a lo largo del país.

19 COMPLETA el párrafo con *se* donde haga falta.

Como bien ____ (*1*) sabe, en España ____ (*2*) bebe y ____ (*3*) produce vino de gran reputación. Usualmente, el vino ____ (*4*) acompaña varias de las comidas del día. Cuando ____ (*5*) reúnen, los españoles ____ (*6*) llevan a casa de sus amigos una buena botella de esta bebida. También es costumbre ____ (*7*) regalar vino para ____ (*8*) celebrar cumpleaños, aniversarios y demás. Esta cultura del vino ____ (*9*) convierte en arte a la hora de fabricarlo. Una de las zonas más conocidas del vino español es la Ribera del Duero. La primera referencia vinícola que ____ (*10*) tiene de la zona ____ (*11*) remonta al año 1972, aunque solo hasta el 82 varios vinicultores ____ (*12*) decidieron juntar ____ (*13*) para ____ (*14*) promover ____ (*15*) las bodegas y el vino de la zona.

De este modo, ____ (*16*), formó una de las regiones vinícolas más conocidas hoy en el mundo. En la Ribera del Duero ____ (*17*) producen variedades de uva como: Tempranillo, Cabernet Sauvignon, Merlot, Malbec, Garnacha y Albillo, con las cuales ____ (*18*) realizan prácticas productivas de alta tecnología y estricto estándar de calidad. La de Tempranillo es la variedad que más ____ (*19*) usa en la mayoría de los vinos elaborados en la zona. Los vinos producidos en dicha región son: jóvenes, crianza, gran reserva y rosado. Como ____ (*20*) puede ver ____ (*21*), el amor por esta bebida milenaria ____ (*22*) hace parte de la tradición española, y ____ (*23*) les llena de orgullo y fama internacional.

20 UNE la palabra subrayada con su correspondiente sinónimo de la columna de la izquierda.

1. Detenidas ___   a. solo se consideran <u>válidos</u> los matrimonios que cuenten con el Registro Civil de Matrimonio.

2. Paros ___   b. los sindicatos se formaron a partir de 1918, y desde esa época ya empezaban a organizar <u>huelgas</u> para protestar ante el gobierno.

3. Legalización ___   c. se cree que más de 3 millones de colombianos estarían <u>exiliados</u> por todo el mundo.

4. Desterrados ___   d. en la actualidad hay 117.000 personas <u>encarceladas</u> en el país.

5. Legítimos ___   e. en el país existe la <u>despenalización</u> parcial del aborto bajo tres circunstancias concretas.

Dicen que hay dos Españas

Reportar y describir

21 DESCRIBE las siguientes imágenes usando una forma impersonal diferente para cada una.

Modelo: ¡Empezó a llover!

1. _____

2. _____

3. _____

4. _____

22 DESCRIBE el siguiente proceso para preparar una pasta usando *se* impersonal o pasivo:

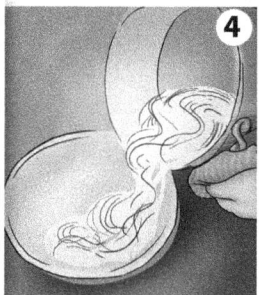

1. _____

2. _____

3. _____

4. _____

5. _____

23 LEE estas oraciones y SEÑALA cuál forma de impersonalidad usan:

1. Ayer tronó y relampagueó toda la noche. _____

2. No había una razón lógica para la contaminación de la semana pasada. _____

3. En este restaurante se sirven unos postres exquisitos. _____

4. Se estudia francés y alemán en la Faculta de Idiomas. _____

5. Uno esperaría que todos los meseros en Europa hablaran inglés. _____

6. Sobra decir lo que uno piensa. _____

7. Llamaron de la oficina del contador. _____

8. Hay quienes dicen que el calentamiento global es un invento. _____

24 **CAMBIA las siguientes oraciones a la forma impersonal:**

1. Alcanzo a escuchar la música del apartamento de mis vecinos.

   _____

2. Las noticias dicen que este año habrá sequía.

   _____

3. Alguien pregunta por el Director de Mercadeo.

   _____

4. Las chicas rumorean que Luchito y Fabiola están enamorados.

   _____

5. La temperatura está tan baja que creo que va a nevar.

   _____

25 **LEE estas oraciones e IDENTIFICA en la columna de la derecha su posible contexto.**

1. Hay muchas razones de peso para dejar de fumar __
2. Basta con saber inglés para viajar por el mundo __
3. Parece que la arepa es muy popular en esta ciudad __
4. Allá hace mucho frío en el invierno __
5. Sobra con un postre para los dos __
6. Ciro fue condenado sin justa causa __
7. Se lee mucho en el programa de literatura __
8. Nieva casi todo el año en Finlandia __
9. Beber en exceso es malo para la salud __
10. Uno debe pensar antes de hablar __

   a. un viajero angloparlante.
   b. etiqueta en una botella de ron.
   c. un médico a una paciente fumadora.
   d. abogado a un compañero de trabajo.
   e. ciudadano de Helsinki.
   f. estudiante universitario.
   g. paisa al llegar de su viaje a Canadá.
   h. mamá regañando a su hijo.
   i. turista en Medellín.
   j. pareja comiendo en un restaurante.

26 **COMPLETA los siguientes diálogos con una de estas formas de impersonalidad:**

dicen   hay   se   uno   llamaron

1. A: Ayer Anita se enojó porque le dije que estaba un poco gordita.
   B: ¡Con toda la razón! Ya sabes que _____ no puede ir por ahí diciéndoles esas cosas a los amigos.

2. A: Rodrigo fue al médico ayer.
   B: ¿Sí? ¿Y qué le dijo?
   A: Le dijo que _____ que beber por lo menos 6 vasos de agua el día.

3. A: ¿Ya decidiste a dónde quieres que vayamos a comer?
   B: Quiero ir a Luciano's. _____ que tiene la mejor carne de la ciudad.

4. A: Don Luis, lo _____ del Consulado.
   B: Gracias, Luna, mañana los llamo.

5. A: John me dijo que está cansado de los desayunos paisas.
   B: ¿Sí? ¿Por qué?
   A: Porque allá _____ come demasiada arepa.

Aprendamos sobre...

... arte y censura

La censura sobre el arte y sus diversas manifestaciones ha existido a lo largo de la historia de la humanidad en casi todas las culturas. Este deseo de control sobre la expresión artística se ha justificado históricamente en un afán por conservar o defender las posturas o creencias morales, religiosas, políticas, etc., de un grupo social típicamente mayoritario. Aunque parecería que la censura no tuviera lugar en pleno siglo veintiuno (XXI), y menos aún en países democráticos, la realidad es que hoy en día este tipo de intervención externa sobre el artista y sus mensajes se sigue dando en casi todos los países del mundo, en mayor o menor medida.

27 **LEE las noticias y ASÓCIALAS con el titular de cada una. PON la letra correspondiente.**

a. El artista navarro Abel Azcona es acusado de "<u>profanación</u>" por el gobierno de su localidad (2015)
b. El Museo de Arte Contemporáneo de Barcelona se autocensura a favor del Rey (2015)
c. Censurado vehículo con símbolos franquistas por el Ayuntamiento de Figueres (2015)
d. Por considerarla "inadecuada para la familia", el Ayuntamiento de Salamanca suspende una exposición del artista Ausín Sainz (2014)

1. Título: _____ El director del MACBA suspende la exhibición "La bestia y el soberano" por considerarla "inapropiada", ya que dicha escultura muestra al rey Juan Carlos I de una manera <u>irrespetuosa</u>, en una situación sexual con un perro y con la activista, líder obrera y feminista boliviana Domitila Barrios.

Por otro lado, el personal responsable de haber programado esta exposición califica como "veto a la libertad de expresión" la medida tomada por Bartomeu Marí y recuerdan al público que la obra es parte del proyecto 'Loomshuttles / Warpath', un archivo que explora la "relación <u>asimétrica</u> entre Europa y América Latina".

2. Título: _____ La polémica la causaron unas obras del artista en las cuales aparecen con excrementos en su cabeza la infanta Cristina y el presidente Mariano Rajoy. Según el artista: "Mis obras siempre buscan hacer denuncia social y, en este caso en particular, busco criticar la corrupción gubernamental". El artista comentó que: "Las <u>tenazas</u> del Gobierno llegan hasta las salas de exposiciones para proteger su imagen y la de la Casa Real <u>mermando</u> así la libre expresión de los artistas para exponer sus obras". La justificación del Ayuntamiento para censurar la muestra fue que: "Contiene imágenes inadecuadas para el público eminentemente familiar que acude a la sala y que el artista no había descrito al Ayuntamiento honestamente el tipo de obra que iba a exponer antes de que se aprobara su exhibición".

3. Título: _____ En lo que algunos han considerado como una "cacería de brujas" contra la libertad de expresión, el Gobierno de Navarra ha citado a declarar al artista Abel Azcona por mostrar en Pamplona en su exposición "Desenterrados" la palabra *pederastia* formada con <u>hostias</u> consagradas. Según la orden expedida a la Fiscalía, se debe aclarar si dicha obra: "<u>incurre</u> en un delito contra los sentimientos religiosos", lo cual contraviene lo estipulado en el artículo 525 del Código Penal.

Algunos defensores del artista, por el contrario, opinan que es increíble que en pleno gobierno democrático se persiga a un artista que denuncia crímenes cometidos en el seno de la Iglesia (abusos a menores, bebés robados o el apoyo a la dictadura franquista).

4. Título: _____ Fue vetada por el Ayuntamiento de Figueres la instalación artística de Núria Güell y Levi Orta. Estos dos artistas han decorado un viejo automóvil modelo Fiat Uno con diversos motivos polémicos, como: la bandera franquista, la <u>insignia</u> de la Falange, un símbolo nazi y un retrato de Franco. Su propósito es usar estos controversiales emblemas con el fin de denunciar la represión de la dictadura de Franco, la censura de la época y la vigencia de sus símbolos.

Para Nuria y Levi: "El proyecto busca repensar la presencia actual de la ideología franquista y las actitudes fascistas que aún perviven en España. De igual manera, se espera que la gente reflexione sobre el fascismo creciente en Europa"; sin embargo, el Ayuntamiento canceló la instalación argumentando que: "No es realmente una censura, sino un acto de sentido común. No creemos que dicha instalación sea una valoración artística y, aunque somos favorables a las obras que provocan el debate, pensamos que esta obra en particular habría podido parecer una provocación vana y vacía y generar rechazo".

Escribamos

28 **BUSCA en el diccionario la definición de las palabras subrayadas en el texto:**

1. Asimétrico _____
2. Hostias _____
3. Incurre _____
4. Insignia _____
5. Irrespetuosa _____
6. Perviven _____
7. Profanación _____
8. Provocación _____
9. Tenazas _____

29 **ESCRIBE un artículo sobre el tema de la censura en el Arte. EXPRÉSATE a favor o en contra de este tema de forma coherente y cohesionada y USA ejemplos y argumentos variados para sustentar tu posición. UTILIZA en lo posible algunos términos del ejercicio anterior.**

¿Crees que el artista debe ser libre de expresar cualquier opinión política, religiosa, moral, etc., aunque esta pueda ser ofensiva para un grupo determinado de personas? O, por el contrario, ¿piensas que se deben controlar este tipo de expresiones teniendo en cuenta los intereses de una mayoría o un sector particular de la sociedad?

_____
_____
_____
_____
_____
_____
_____
_____
_____
_____
_____
_____
_____
_____
_____
_____
_____
_____
_____
_____
_____
_____
_____

> **... usar el idioma para:**

Interpretar y valorar

1. COMPLETA las oraciones con la perífrasis verbal adecuada:

1. Para hablar bien una lengua, _____ mucho cada día.

2. Ya _____ tres de los integrantes de esa banda criminal.

3. _____ desde que tuvieron esa discusión tan fuerte.

4. No hemos podido visitarlos porque _____ tres fines de semana seguidos.

5. De tanto fumar, Rodrigo _____ un tanque de oxígeno.

6. No recuerdo si _____ las luces de la casa.

Expresar posición, acuerdo, desacuerdo o escepticismo

2. COMPLETA con el pronombre se.

1. A mi madre _____ (a) le cayó_____ (b) el pelo de tanto _____ cepillar_____lo (c).

2. Raúl y Celina _____ (a) conocieron_____ (b) cuando _____ (c) iban_____ (d) juntos a la Universidad de Salamanca.

3. Sara ya _____ (a) lo había advertido_____ (b) tantas veces a Rafael, que no _____ (c) sorprendió_____ (d) al _____ saber_____lo (e).

4. Miru _____ (a) despierta_____ (b) todos los días una hora antes de _____ (c) despertar_____ (d) a su hijo y _____ (e) preparar_____lo (f) para el colegio.

5. _____ (a) debe_____ (b) lavar bien el arroz antes de _____ (c) poner_____lo (d) a cocer en la olla arrocera.

Reportar y describir

3. UNE las dos columnas para crear oraciones con sentido:

1. Se piensa que _____	a. por un tal Pascual.
2. Preguntan _____	b. hacer lo correcto.
3. Uno espera que _____	c. durante la última reunión.
4. Dicen que _____	d. en 2055 ya no habrá agua.
5. El problema fue resuelto _____	e. todos los colombianos saben bailar bien.
6. Basta con _____	f. la situación mejore pronto.

> **Sobre el idioma:**

4. COMPLETA los verbos con las formas impersonales del verbo según sea necesario:

-ado(s)/-ido(s)   -ando/-iendo   -ar/-er/-ir

1. Me fascina el cant_____ de las aves en las mañanas.
2. Ensayen únicamente los apartes marc_____ con resaltador.
3. Siempre llegaban sonr_____ a clase.
4. Dicen que beb_____ ocho vasos de agua al día es muy recomendable para la salud.
5. Acab_____ las ovaciones, los actores se retiraron a sus camerinos.
6. Cecilia, pens_____ que no iba a llegar a tiempo, tomó un taxi.
7. Los ejercicios discut_____ ayer en clase fueron muy útiles.
8. Encontré a los mellizos pint_____ de marcadores hasta el pelo.
9. Ese trabalenguas es muy difícil de repet_____.
10. Salieron cant_____ las canciones del concierto.

Puntaje: [ ] **/ 27**

Naciones sin fronteras

Capítulo 23

Repasemos

1 **SEÑALA en las siguientes oraciones las formas no personales del verbo:** *infinitivo, gerundio* y *participio.*

1. Bailar con frecuencia es muy bueno para el cuerpo y el alma.
2. Alberto llegó llorando de la escuela y no ha querido decirnos qué le pasó.
3. Les gustaba mucho el andar pausado de Magdalena.
4. La única tarea que tienen los jóvenes es estudiar y sacar buenas notas.
5. Terminado el estreno de la película, salieron a celebrar su gran acogida.
6. Yendo en tren, llegaremos más rápido.
7. Estaba muy cansada después de su viaje.
8. Queriendo Dios, la próxima semana nos entregarán la nueva casa.

2 **COMPLETA las oraciones con las perífrasis verbales adecuadas. CONJUGA y PON atención a la concordancia:**

andar + quejarse   llevar + comprar   quedarse + aterrar
seguir + comer   soler + traer   tener que + estudiar

1. _____ si queremos sacar buenas notas en los exámenes finales.
2. Sofía y Ricardo _____ con los altos precios de las cosas en Caracas.
3. Valeria _____ todo el tiempo desde que la cambiaron de puesto.
4. Sus abuelos _____ unas tortas riquísimas cada vez que vienen de visita.
5. Eloísa _____ tres pares de zapatos este mes.
6. _____ dulce, aunque el médico le dijo que le podía dar una diabetes.

3 **PON el pronombre** *se* **donde sea necesario:**

1. ____ (a) me olvidó decirte que Lupita ya ____ (b) puso a hervir la leche.
2. Mauricio y Rosalba ____ (a) aman mucho a su gatico y por eso ____ (b) lo alimentan con el mejor cuido.
3. Filomena no ____ (a) daba cuenta de que su mejor amiga a veces ____ (b) burlaba de ella.
4. El concierto ____ (a) acabó demasiado rápido y los asistentes ____ (b) quejaron con los organizadores.
5. Rocío siempre ____ (a) acuesta después de acostar____ (b) a los niños.

4 **COMPLETA las oraciones con alguna de las formas de impersonalidad de la tabla:**

1. _____ que hacer buenas obras en Navidad.
2. _____ que este año va a llover más que nunca.
3. En verano _____ más temprano que en el resto del año.
4. En el sur de Colombia _____ cuy frito o asado.
5. En el altiplano _____ mucho frío en las noches.
6. _____ dejar el azúcar para bajar los kilos de más.
7. _____ de la sastrería para avisar que ya está listo el pantalón.
8. Nunca _____ en Lima.
9. _____ revisar el parte meteorológico antes de viajar.
10. Lo mejor es que _____ no se meta en los asuntos ajenos.

a. dicen
b. se come
c. basta con
d. es importante
e. hace
f. llueve
g. llamaron
h. amanece
i. uno
j. hay

Naciones y fronteras
Hablar sobre divisiones políticas

5 CAMBIA los siguientes sustantivos al género opuesto si es posible:

1. Actor _____
2. Perro _____
3. Héroe _____
4. Barón _____
5. Yegua _____
6. Artista _____
7. Gerente _____

8. Sacerdotisa _____
9. Nuera _____
10. Padrino _____
11. Sastre _____
12. Macho _____
13. Personaje _____
14. Policía _____

15. Vaca _____
16. Gato _____
17. Tío _____
18. Rey _____
19. Pianista _____
20. Chimpancé _____
21. Ardilla _____

6 CLASIFICA los siguientes sustantivos en la tabla según su género:

agua   amistad   cantante   cima   clima   ciudad   disco   francés   general   hembra   mano   miércoles   muchedumbre   periodista   periodista   presentador   presidente   residente   reunión   sacacorchos   similitud   sofá   solicitud   varón

Femeninos	Masculinos

7 USA tres (3) palabras de cada columna del ejercicio anterior para escribir oraciones completas:

1. _____
2. _____
3. _____
4. _____
5. _____
6. _____

8 COMPLETA los siguientes diagramas con sustantivos adecuados. SIGUE los ejemplos:

Comunes — Perro

Propios — Bogotá

Concretos — Silla

Abstractos — Tristeza

Colectivos — Familia

Compuestos — Sacacorchos

9 UNE cada palabra con su definición:

1. El papa ____	a.	Planta herbácea anual, de la familia de las solanáceas, originaria de América y cultivada hoy en casi todo el mundo.
2. La papa ____	b.	Ira, enojo, enfado.
3. El frente ____	c.	Porción indeterminada de un todo.
4. La frente ____	d.	Parte superior de la cara, comprendida entre una y otra sien, y desde encima de los ojos hasta que empieza la vuelta del cráneo.
5. El cólera ____	e.	Escrito, ordinariamente breve, que por el correo o por otro medio cualquiera se envía a alguien para darle aviso o noticia urgente.
6. La cólera ____		
7. El parte ____	f.	Lista impresa de datos o noticias referentes a determinada materia.
8. La parte ____	g.	Tribunal de justicia.
9. El corte ____	h.	Persona que encamina, conduce y enseña a otra el camino.
10. La corte ____	i.	Acción y efecto de cortar.
11. El guía ____	j.	Sumo Pontífice, que representa la máxima autoridad de la iglesia católica romana.
12. La guía ____	k.	Extremo de un conductor preparado para facilitar su conexión con un aparato.
13. El terminal ____	l.	Enfermedad epidémica aguda de origen bacteriano, caracterizada por vómitos repetidos y diarrea severa.
14. La terminal ____	m.	Coalición de partidos políticos, organizaciones, etc.
	n.	Cada uno de los extremos de una línea de transporte público.

10 USA el vocabulario de la lista del ejercicio anterior para ESCRIBIR frases completas. USA el pluscuamperfecto del subjuntivo. INCLUYE los elementos (verbos, artículos, pronombres, etc.) faltantes.

Modelo: católicos / alegrarse / Vaticano / elegir / papa / argentino
A los católicos les alegró que en el Vaticano hubieran elegido un papa argentino.

a. bogotanos / molestarse / gobierno / demorarse / construir / terminal

_____

b. turistas / sorprenderse / guía / explicar / detalles / historia inca

_____

c. comandante / desear / subordinados / formar / frente / más rápidamente

_____

d. padre / esperar / corte / fallar / a su favor

_____

e. guarda / satisfacer / conductor / aceptar / parte / sin quejarse

_____

¿Qué conoces sobre estas dos voces?
Preguntar y expresar conocimiento de algo

11 CORRIGE los errores de las siguientes oraciones relacionados con el uso de los artículos.

1. Andrés es un profesor.
2. Me fascinan chocolates.
3. Dolor es un sentimiento intenso.
4. No te imaginas la cansada que estoy.
5. La agua es rica cuando está fría.
6. Perros son los mejores amigos del hombre.
7. Me duele mi cabeza.
8. Hay la farmacia en la siguiente cuadra.
9. Pilar desea un otro hijo.
10. Las enviaron a cárcel.

12 ELIGE la opción correcta (la opción Ø significa "sin artículo").

1. ¿Me trae (Ø / un / el) café expreso, por favor?
2. ¿Le puso azúcar a (Ø / un / al) café?
3. Me encanta la torta (Ø / de / un) café.
4. Mi mamá me regaló (Ø / unos / los) zapatos.
5. Hoy voy a estrenar (Ø / unos / los) zapatos.
6. No camino en mi casa con (Ø / unos / los) zapatos.
7. Compramos (Ø / un / el) carro rapidísimo.
8. Ya nos dieron las llaves de (Ø / un / del) carro
9. Me cae muy bien mi profe de (Ø / un / el) español.
10. Estudio (Ø / un / el) español en Medellín.

13 PON el artículo determinado correcto debajo de la imagen y ESCRIBE un adjetivo que la describa y que concuerde en género y número.

1. Modelo: abeja
   La abeja *africana*
2. abrelatas
3. agua
4. águilas
5. avión

6. bufón
7. canciones
8. hacha
9. ideas
10. idiomas

 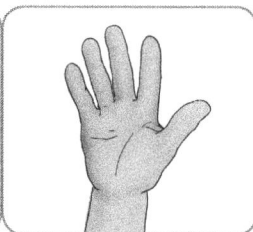   

11. maceta
12. mano
13. planeta
14. portacomidas
15. vejez

14 COMPARA las siguientes oraciones y ESCRIBE en el paréntesis la opción apropiada.

Modelo:
  a. Carla es *la* empleada eficiente de la empresa.   (*b*) *La empresa tiene varias empleadas eficientes.*
  b. Carla es *una* empleada eficiente de la empresa.   (*a*) *La empresa solo tiene una empleada eficiente.*

1. a. Carla quiere el puesto de Ø secretaria.   (_) *Carla quiere quitarle el puesto a la única secretaria.*
    b. Carla quiere el puesto de *la* secretaria.   (_) *Carla quiere quitarle el puesto a alguna secretaria.*
    c. Carla quiere el puesto de *una* secretaria.   (_) *Carla solo desea cualquier puesto como secretaria.*

2. a. Carla salió a comprar *el* periódico a las 8:30.   (_) *Carla tiene como rutina comprar el mismo periódico.*
    b. Carla salió a comprar *un* periódico a las 8:30.   (_) *Carla salió a comprar cualquier periódico.*

3. a. Carla fue *al* quiosco que había en la esquina.   (_) *Hay varios quioscos de periódicos cerca.*
    b. Carla fue a *un* quiosco que había en la esquina.   (_) *Hay un solo quiosco de periódicos cerca.*

4. a. En el camino, Carla perdió *las* monedas.   (_) *Es imposible que Carla compre el periódico.*
    b. En el camino, Carla perdió *unas* monedas.   (_) *Es posible que Carla compre el periódico.*

5. a. Carla regresó a casa en Ø bicicleta.   (_) *Carla no tiene bicicleta propia.*
    b. Carla regresó a casa en *la* bicicleta.   (_) *Carla tiene bicicleta propia.*
    c. Carla regresó a casa en *una* bicicleta.   (_) *Es posible que Carla tenga bicicleta propia.*

6. a. Carla y Raúl discutieron los problemas de Ø Barcelona.   (_) *La pareja habla sobre el equipo de fútbol local.*
    b. Carla y Raúl discutieron los problemas *del* Barcelona.   (_) *La pareja habla sobre las noticias de la ciudad.*

7. a. Comenzaron a hablar de Ø noche.   (_) *Hacían los planes para esa noche.*
    b. Comenzaron a hablar de *la* noche.   (_) *Hablaron de los recuerdos de un evento específico.*
    c. Comenzaron a hablar de *una* noche.   (_) *La conversación tuvo lugar durante la noche.*

8. a. Charlaron Ø 30 minutos.   (_) *Hablaron aproximadamente 30 minutos.*
    b. Charlaron *unos* 30 minutos.   (_) *Hablaron durante todo el tiempo.*
    c. Charlaron *los* treinta minutos.   (_) *Hablaron exactamente 30 minutos.*

9. a. Raúl le dio a Carla *el* anillo.   (_) *Raúl tenía el anillo de Carla guardado.*
    b. Raúl le dio a Carla *un* anillo.   (_) *Raúl le llevó un anillo de regalo a Carla.*

10. a. Carla se acordó *del* aniversario.   (_) *Carla y Raúl llevan muchos años casados.*
    b. Carla se acordó de *un* aniversario.   (_) *Carla y Raúl están hoy de aniversario.*

11. a. Carla y Raúl se fueron de Ø fiesta.   (_) *Carla y Raúl abandonaron su fiesta de aniversario.*
    b. Carla y Raúl se fueron de *la* fiesta.   (_) *Carla y Raúl estaban en una fiesta de alguien más.*
    c. Carla y Raúl se fueron de *una* fiesta.   (_) *Carla y Raúl salieron a celebrar su aniversario.*

12. a. De camino a casa, Raúl le dio *el* beso.   (_) *Carla no se lo esperaba.*
    b. De camino a casa, Raúl le dio *un* beso.   (_) *Raúl le había prometido uno.*

Dos mujeres, una época
Narrar historias desde la subjetividad

15 ELIGE la oración que te parezca correcta:

1. a. Buscamos una *seria* mujer para el cargo de secretaria.
    b. Buscamos una mujer *seria* para el cargo de secretaria.

2. a. Ayer me vi con mi amigo *bueno* Esteban.
    b. Ayer me vi con mi *buen* amigo Esteban.

3. a. Esta es una foto de mi *antigua* perra, Rosita.
    b. Esta es una foto de mi perra *antigua*, Rosita.

4. a. El viernes es el *mejor* día de la semana.
    b. El viernes es el día *mejor* de la semana.

5. a. Ella es mi compañera *vieja*, Clara.
    b. Ella es mi *vieja* compañera, Clara.

6. a. La empresa liquida el *último* día del año.
    b. La empresa liquida el día *último* del año.

16 ORGANICE las oraciones en su forma correcta.

1. asuntos / jefe / discutir / Leopoldo / y / su / que / tienen / muy *importantes*:

_____

2. Al / *azules* / compré / medí / tenis / los / que / me / final / la / en / tienda:

_____

3. *famosas* / Ofelia/ feliz / porque / las / Da Vinci / obras / vio / de / está:

_____

4. está / La / oficina / coordinador / *cuarto* / en / el / del / piso:

_____

5. película / visto / Es / Tom Cruise / *peor* / de / que / he / la:

_____

6. Jazmín / perdió / se / los / episodios / dos / telenovela / *anteriores* / la / de:

_____

7. niños / Hicieron / Navidad / una / de/ recolecta / *pobres* / para / los:

_____

8. Los / *mayores* / hermanos / son / regañones / muy:

_____

17 ELIGE la frase que mejor describe la idea:

1. Gustavo Cerati era el mejor cantante:
   a. Gustavo Cerati era un *gran* cantante.
   b. Gustavo Cerati era un cantante *grande*.

2. Antes había un parqueadero cerca a nuestra casa:
   a. Nuestra casa quedaba después del parqueadero *viejo*.
   b. Nuestra casa quedaba después del *viejo* parqueadero.

3. Carlos Vives solo dio un concierto en Miami:
   a. Carlos Vives dio un *único* concierto en Miami.
   b. Carlos Vives dio un concierto *único* en Miami.

4. Todas las profesoras fueron con un acompañante:
   a. No había ni una *sola* profesora en la reunión.
   b. No había ni una profesora *sola* en la reunión.

5. Lo único que nos gusta tomar es agua:
   a. Nos gusta tomar agua *pura*.
   b. Nos gusta tomar *pura* agua.

6. Tenemos menos aire de calidad ahora:
   a. El aire es ahora de *mejor* calidad.
   b. El aire es ahora de *menor* calidad.

18 **CAMBIA estas palabras a adjetivos:**

Sustantivos

1. Altivez: Modelo: *Altivo*
2. Docilidad: _____
3. Barbarie: _____
4. Cansancio: _____
5. Fidelidad: _____
6. Hipocresía: _____
7. Labor: _____
8. Impotencia: _____

Verbos

1. Acoger: _____
2. Crecer: _____
3. Creer: _____
4. Defender: _____
5. Reconocer: _____
6. Salvar: _____
7. Resbalar: _____
8. Tolerar _____

19 **COMPLETA estas oraciones con adjetivos del ejercicio anterior. CUIDA la concordancia.**

1. Como mis hijos son tan _____ siempre sacan muy buenas notas en la escuela.
2. Ovidio va a misa todos los días porque es un hombre muy _____.
3. Odio la gente _____, pues critican a los demás por los mismos defectos que ellos tienen.
4. Mi abuela siempre vivió _____ a sus principios morales.
5. Estaba muy _____ y se tomó todo el jugo que había en la nevera.
6. Las mujeres de su época fueron educadas para ser _____, prácticamente nunca oponían resistencia.

20 **CLASIFICA estos adjetivos en la tabla que hay más abajo, según su categoría:**

1. Franco se come dos frutas cada mañana.
2. Cierto amigo me dijo que estaba enamorado de Alba.
3. ¡Cuánta gente ha venido al concierto!
4. Hablamos con vuestros padres, y no estaban muy felices con la situación.
5. Aquella casa siempre me recuerda mi infancia.
6. ¿Cuántos días más faltarán para las vacaciones?
7. Cuando estaba en el tercer grado, Vanesa amaba su clase de español.
8. Cada vez que intento cambiar este computador, me gasto el dinero en otra cosa.
9. Me encanta salir con mi perro de paseo al parque.
10. ¿Quién es el señor de camisa roja?
11. En la presentación de hoy había muy pocos asistentes.
12. ¡Qué días tan lluviosos!

Demostrativos	Exclamativos	Indefinidos

Interrogativos	Numerales	Posesivos

Crónicas de un tiempo pasado
Contrastar eventos o acciones

21 COMPLETA las oraciones con *sino* o *pero*:

1. Trabaja demasiado, _____ no gana suficiente dinero para pagar sus gastos.
2. No nos gusta ir a misa los domingos _____ los jueves por la noche.
3. No me gustan las morenas _____ las pelirrojas.
4. Tengo demasiados zapatos de tacón alto, _____ ningunos rojos.
5. Sara no es muy bonita, _____ tiene una personalidad encantadora.
6. A Carlota no le gustan los perros _____ los gatos.
7. La casa ya está construida, _____ falta comprar todos los muebles.
8. No estoy interesada en la ficción _____ en la historia.
9. Queremos ir de vacaciones a la playa, _____ no tenemos el dinero.
10. Me gusta alguna música en español, _____ no toda.

22 ELIGE la opción adecuada:

1. Te vas a enfermar (*sino / si no*) dejas de comer tanto dulce.
2. ¿Qué podíamos hacer (*sino / si no*) teníamos otra opción?
3. Ponte el abrigo, (*sino / si no*) te volverás a resfriar.
4. No es que no quiera mojarme (*sino / si no*) que me da miedo el mar.
5. No fue Picasso (*sino / si no*) Botero quien pintó esta Mona Lisa.
6. No nos pagarán lo que nos deben (*sino / si no*) les cobramos.
7. A ellos no les gusta mucho hacer deporte (*sino / si no*) salir a comer.
8. No tengo ganas (*sino / si no*) de echarme a ver una peli.
9. No tiene que comerse todo (*sino / si no*) quiere.
10. (*sino / si no*) te gustan las mascotas, mejor no vayas a casa de Rafa.

23 LEE el siguiente fragmento de la crónica escrita por un visitante canadiense sobre su primera experiencia en la ciudad de Medellín. Luego, DESARROLLA las actividades propuestas.

Crónica de mi primera visita a Medellín
Por: Ciudadano canadiense

Centro de Medellín

Eran las 2 de la tarde cuando me bajé del avión y el gran termómetro del Aeropuerto José María Córdova en la ciudad de Rionegro marcaba 17 grados Celsius (17 °C), una temperatura bastante agradable para un recién llegado de Montreal, ciudad donde al momento de partir el máximo de calor que se podía esperar en un buen día era 7 °C.

Después de recoger mis maletas, salí a buscar un taxi, un bus o un colectivo para emprender mi camino montaña abajo, hacia la anhelada ciudad de Medellín. Aunque era mi primera vez en esta parte del continente, llevaba esperando ansiosamente ocho largos meses la llegada de mis vacaciones para poder ver, por fin, la ciudad de la que tantas cosas asombrosas había escuchado en los últimos años de amigos y conocidos que ya la habían visitado.

Aunque, por regla general, trato de no crearme falsas expectativas antes de conocer un lugar, no podía evitar sentir un cosquilleo de emoción por todo el cuerpo ante la perspectiva de pasar unos días en esta ciudad de la que había escuchado tantos halagos, pero que no había aún borrado su fama de violencia y narcotráfico de las décadas de los ochenta y los noventa...

24 UBICA las palabras subrayadas en la crónica anterior según la categoría a la cual pertenezcan:

Sustantivos	Adjetivos

25 SEÑALA la palabra que NO pertenece en cada grupo:

1. madrugada – mañana – noche – tarde – temprano
2. Canadá – Barajas – Medellín – Montreal – Madrid
3. bastante – máximo – mis – tantas – todo
4. avión – bus – ómnibus – taxi – transporte
5. ciudad – continente – día – lugar – montaña
6. agradable – anhelada – ansiosamente – asombrosas – expectativas
7. años – décadas – días – meses – momento
8. amigos – cuerpo – maletas – termómetro – vacaciones

26 PIENSA en tu primer viaje a un país diferente al de nacimiento y ESCRIBE una crónica. RESALTA las cosas que más te han llamado la atención o las que más se diferencian de tu país. Puedes usar la crónica empezada por el ciudadano canadiense en el ejercicio 25. (Extensión aprox. 250 palabras).

_____
_____
_____
_____
_____
_____
_____
_____
_____
_____
_____
_____
_____
_____
_____
_____
_____
_____
_____
_____

Aprendamos sobre...
... los movimientos humanos

27 Para comprender mejor el complejo panorama de los movimientos humanos:

A. ENCUENTRA en la columna de la derecha las definiciones para las palabras dadas en la columna de la izquierda. ESCRIBE la letra que corresponde.

1. Circulación ___
2. Desplazado forzado ___
3. Comunidades ___
4. Fronteras físicas ___
5. Conflictos ___
6. Expediciones ___

a. Conglomerados de personas pertenecientes a un mismo pueblo, región o grupo.
b. Excursiones intencionales con el fin de realizar alguna empresa o misión.
c. Confín geográfico de un país.
d. Acción de moverse por algún territorio.
e. Persona que, por motivos de violencia, tiene que refugiarse en un lugar diferente al propio.
f. Combate o enfrentamiento armado, regularmente por motivos políticos.

B. Ahora, UBICA las palabras anteriores en el texto que hay a continuación.

En este convulsionado mundo de la globalización y la tecnología, donde las _____ (1) parecen un invento del pasado que intenta contener las necesidades reales de estas generaciones móviles, hay una variedad de vocablos que buscan describir y clasificar a los grupos humanos que hoy se trasladan incesantemente de un lugar a otro del planeta. Estas categorizaciones se basan en aspectos diversos y, en muchas ocasiones, son rechazados o debatidos por quienes los usan y por aquellos que se ven obligados a llevarlos.

Sin embargo, estos movimientos y estas designaciones no son algo nuevo. En épocas anteriores, cuando los diferentes países y territorios de la Tierra no se encontraban tan conectados como lo están ahora, los habitantes del Norte salían de sus terruños en _____ (2) comercializadoras, evangelizadoras, exploradoras, entre otras; y se convirtieron así en descubridores, pobladores, invasores, conquistadores, colonizadores, etc. Aunque no necesariamente cargadas de un peso negativo en ese entonces, hoy en día algunas de estas palabras conllevan una carga negativa asociada a los recuerdos de los actos y al impacto que estos hombres ocasionaron en las _____ (3) a las que llegaron.

En el contexto presente, las motivaciones para dejar el país de origen y mudarse a uno completamente nuevo han cambiado con respecto a siglos pasados. En la actualidad, no es tanto el deseo de conquista el que motiva esta _____ (4) de gentes sino más bien la huida de circunstancias nefastas o la búsqueda de mejores oportunidades.

Para hacernos una idea de la magnitud de este fenómeno, he acá algunas cifras importantes para el año 2015, tomadas del sitio *www.un.org*:

- Según este sitio, en 2015 el número de inmigrantes internacionales llegó a 244 millones, un incremento del 41% comparado con el año 2000. Estos números muestran que el número de inmigrantes internacionales ha crecido más rápidamente que la población mundial.
- Para dicha fecha, había un _____ (5) de 65,3 millones de personas en todo el planeta.
- De estos, 21,3 millones son refugiados, más de la mitad de los cuales son menores de 18 años.
- 10 millones son considerados personas sin país, a quienes se les ha negado una nacionalidad y el acceso a derechos básicos como educación, salud, empleo y libertad de movimiento.
- 38 millones de personas han sido desplazadas internamente por _____ (6) o violencia. De estos, 7.600.000 pertenecen a Siria, 6.044.200 a Colombia y 3.376.000 a Iraq.

Si este panorama parece un poco desolador, el futuro no se ve muy prometedor. De acuerdo con un reporte publicado por la Organización Internacional para las Migraciones (OIM), para el año 2050 el número de inmigrantes internacionales podría superar los 400 millones, cerca del 7% de la población mundial actual.

Escribamos

28 LEE las siguientes opiniones sobre el uso de los vocablos inmigrante y expatriado y ELIGE la opinión con la que estés más de acuerdo. Luego, ESCRIBE un artículo exponiendo tus argumentos a favor de esta posición.

Opinión A: Mawuna Remarque Koutonin, activista africano y editor de *siliconafrica.com*, piensa que el término expatriado se usa exclusivamente para referirse a los occidentales blancos que se van a trabajar fuera del país y que se sienten superiores. Por el contrario, a los africanos, los árabes, los asiáticos se les considera inmigrantes por pertenecer a razas marcadas históricamente como inferiores.

Opinión B: Para el canadiense Yaël Ossowski, la distinción entre estos dos conceptos no tiene nada que ver con la raza sino con la forma en que los gobiernos clasifican a las personas; es decir, se trata del tema de pasaportes y visados que los países se otorgan unos a otros, y que facilita o dificulta el desplazamiento o no de determinadas personas.

_____
_____
_____
_____
_____
_____
_____
_____
_____
_____
_____
_____
_____
_____
_____
_____
_____
_____
_____
_____
_____
_____
_____
_____
_____
_____
_____
_____
_____

... usar el idioma para:

Preguntar y expresar conocimiento de algo

1. COMPLETA con los artículos definidos e indefinidos.

1. _____ (a) gata de mi tía se pasa el día jugando con _____ (b) ovillo de lana.
2. Hoy traje _____ (a) pasteles para _____ (b) desayuno.
3. _____ (a) protestantes quebraron _____ (b) ventanas de _____ (c) almacenes.
4. Olga siempre hace _____ (a) trabajo impecable con _____ (b) traducciones.
5. Terminaron _____ (a) tarea y se fueron a ver _____ (b) película a _____ (c) centro comercial.

Narrar historias desde la subjetividad

2. COMPLETA la historia de Celeste con los adjetivos dados:

*amiguera   bastante   bien   bilingüe   canadienses
conversadora   despierta   dos   estrictos   hablantinosa
joven   malas   peruana   poco   populares   preocupados   simpática   sociable   su   sus   tan   tanto   un*

Celeste es una chica muy _____ (1). Ella es _____ (2), pero _____ (3) padres son _____ (4). Por eso ella es _____ (5); habla muy _____ (6) el inglés y el español. Aunque es muy _____(7), ella es _____ (8) _____ (9) para _____ (10) edad. Además, Celeste es muy _____ (11) y por eso es también muy _____ (12). Se puede decir que es una de las chicas más _____ (13) de su escuela. Como es _____ (14) _____ (15) sociable, Celeste tiene muy _____ (16) tiempo para estudiar y ahora tiene unas notas muy _____ (17) en sus materias. Sus padres son muy _____ (18) y ahora están muy _____ (19) por su situación académica. Ya le han advertido que si no mejora sus calificaciones no van a comprarle el perrito que _____ (20) desea. Ante esta amenaza, Celeste se ha prometido dejar de ser tan _____ (21) y dedicarse a sus estudios el resto del año y así poder tener por fin una mascotica.

Contrastar eventos o acciones

3. UNE las dos columnas para formar oraciones con sentido.

1. Lupita no es mi hermana,_____	a. si no dejas de comer tanta grasa.
2. Jerónimo se ganó la beca _____	b. si no sería mejor cambiar de secretaria.
3. Te dará un infarto pronto _____	c. sino porque había mucho taco.
4. Creo que son novios, _____	d. pero llueve todos los días.
5. Se preguntaba _____	e. sino que no me lo digas de frente.
6. No llegamos tarde porque quisiéramos, _____	f. pero la embajada no le dio la visa.
7. Estamos en verano, _____	g. pero andamos muy cortos de dinero.
8. No me molesta que no quieras ir _____	h. si no tuviera tanto trabajo.
9. Iríamos de vacaciones con ustedes, _____	i. pero no estoy segura.
10. Haría más deporte _____	j. sino mi cuñada.

Sobre el idioma:

4. MARCA la columna correspondiente al género de los siguientes sustantivos: femenino (F) o masculino (M).

Sustantivo	F	M	Sustantivo	F	M
1. Alimento			13. Hacha		
2. Bondad			14. Hambre		
3. Cama			15. Iglesia		
4. Carne			16. Justicia		
5. Codicia			17. Ley		
6. Drama			18. Mano		
7. Ejército			19. Mensaje		
8. Evidencia			20. Músico		
9. Faz			21. Nacionalismo		
10. Flor			22. País		
11. Gente			23. Religión		
12. Gremio			24. Solidaridad		

Puntaje: [ ] **/ 61**

Nuevos horizontes

Capítulo 24

Repasemos

1 UNE la opción de la derecha que mejor concuerda con el sustantivo de la columna de la izquierda.

1. Ayer estuvimos en un bar_____
2. Los problemas del examen_____
3. El tema de la reunión_____
4. Mi madre me escribió una carta_____
5. No juegues con esas tijeras_____
6. A nosotros nos traes un postre_____
7. A Tita no le gustan los olores_____
8. Ponte esta crema en dosis_____
9. Esos melocotones están muy_____
10. El monarca de ese pueblo_____

a. estaban muy difíciles.
b. tan afiladas.
c. demasiado penetrantes.
d. pequeñas.
e. duros.
f. es un tirano.
g. muy concurrido.
h. bien suave.
i. fue muy delicado.
j. muy emotiva.

2 PON el artículo definido o indefinido, o deja el espacio en blanco si no se necesita, según el contexto:

1. _____ importante es empezar.
2. _____ River, equipo de fútbol argentino, es muy conocido en este lado del Atlántico.
3. Por favor, llámame _____ otro día.
4. Ese hombre que ves allá, es _____ profesor excepcional.
5. La hermanita de Rafa es _____ veterinaria.
6. Emilia es _____ enfermera de la que te hablé ayer.
7. Me asombra _____ mal vestida que andaba.
8. Hoy el doctor no tiene _____ tiempo para atenderla.
9. Nuestros abuelos viven al final de _____ calle.
10. _____ Argentina acaba de elegir nuevo presidente.

3 COMPLETA con uno o varios adjetivos para crear oraciones lógicas:

1. El país de donde vengo es _____
2. Las calles de La Habana son _____
3. La gente en Puerto Rico es _____
4. La universidad donde estudié era _____
5. Mi mejor amigo/a de infancia es _____
6. Cuando salgo del trabajo siempre estoy _____
7. El transporte público de mi ciudad es _____
8. En mi ciudad los restaurantes son _____
9. El clima aquí es _____
10. Los paisajes de mi país son _____

4 ELIGE la opción correcta:

1. San Juan no es la capital de Cuba, *pero / sino* de Puerto Rico.
2. Gabriel no quería un granizado, *pero / sino* Luz Adriana se lo compró.
3. La ñ no es la letra más usada en el español, *pero / sino* se ha convertido en un ícono de este idioma.
4. No nos caen muy bien, *pero / sino* igual vamos a invitarlos a la fiesta de fin de año.

Horizontes humanos
Hablar sobre movimientos humanos y corrientes migratorias

5 ENCUENTRA las 22 preposiciones del español en la siguiente sopa de letras.

```
C  B  A  N  T  E  C  A  H  A  C  I  A  D  C  J  C
X  E  Q  G  D  P  E  D  H  I  T  I  E  R  O  R  W
S  O  P  A  G  F  P  X  T  M  N  D  U  Y  N  B  F
X  A  Z  B  S  O  B  R  E  N  S  L  B  E  Z  U  N
J  O  Y  B  Ñ  W  A  S  G  E  E  E  Q  C  C  W  I
M  Q  H  I  H  F  J  J  D  K  C  L  D  A  J  M  S
E  V  D  F  O  P  O  T  S  R  Q  Ñ  Z  N  M  K  J
D  U  N  U  H  U  B  Y  J  C  V  N  X  S  W  V  Z
I  O  D  I  R  J  J  J  A  J  B  E  F  S  D  C  M
A  H  P  H  S  A  Ñ  L  B  E  N  T  R  E  K  K  V
N  D  E  G  C  M  N  Z  A  J  Q  R  Y  N  F  B  I
T  S  A  S  Z  Z  Q  T  X  X  C  A  V  P  A  R  A
E  B  N  A  R  D  E  F  E  G  N  R  W  H  G  O  S
Q  T  O  R  P  A  Ñ  L  L  X  J  Ñ  K  I  K  N  A
S  C  A  T  S  A  H  L  B  A  R  T  N  O  C  Ñ  B
E  Q  U  U  Y  B  I  V  E  R  S  U  S  E  W  Q  X
N  U  G  E  S  Z  T  R  M  O  V  P  O  R  J  I  G
```

a	hasta
~~ante~~	mediante
bajo	para
con	por
contra	según
de	sin
desde	so
durante	sobre
en	tras
entre	versus
hacia	vía

6 USA 11 de las preposiciones del ejercicio anterior para completar las siguientes oraciones:

1. Se presentó _____ el juez en estado de ebriedad y le pusieron una multa.
2. Logré todos mis sueños _____ un esfuerzo y dedicación constantes.
3. Trabajaron _____ toda la carrera para costearse los estudios.
4. A mi hermano no le gusta hacer sus deberes _____ la presión de mis padres.
5. Ante esta situación, _____ preguntarse por el futuro de este país.
6. _____ los ataques de ayer, las negociaciones han sido suspendidas.
7. Nos enteramos de la horrible noticia _____ el noticiero del mediodía.
8. Le advirtieron que se portara bien, _____ pena de recibir un severo castigo.
9. Piedad no pudo ver el partido de Colombia _____ Ecuador porque se quedó en un taco.
10. Todos los periódicos del mundo hablan hoy _____ las elecciones de Estados Unidos.
11. _____ lo discutido en la reunión, vamos a trabajar este fin de semana.

7 Ahora, USA estas otras locuciones preposicionales para crear tus propias oraciones.

1. A cargo de: _____
2. Cerca de: _____
3. Debajo de: _____
4. En lo tocante a: _____
5. Junto a: _____

8 CONECTA las columnas A y B por medio de las locuciones preposicionales de la columna del medio y FORMA oraciones con sentido.

Columna A	Locuciones preposicionales	Columna B
1. Julián no quiso opinar	_2_ a costa de _i_	a. unos días.
2. ~~Los Bretón consiguieron toda su fortuna~~	__ a favor de __	b. sospechar la infidelidad de Cata.
3. Sabían que todo se sabría	__ conforme a __	c. los dictámenes de la Ley.
4. Luzmila va a hacer ese viaje	__ dentro de __	d. lo sucedido el fin de semana.
5. ¡Qué pesar de Fabián! Está	__ en calidad de __	e. los feos detalles del divorcio.
6. Esos concejales no parecían	__ en vista de __	f. defensor de los empleados.
7. Todo se hizo	__ fuera de __	g. lo avanzado de su enfermedad.
8. Mantuvimos a nuestros hijos	__ lejos de __	h. la nueva Ley anticorrupción.
9. Jaime actuó	__ pese a __	i. ~~el sufrimiento de todo un pueblo.~~
10. No quiso más tratamiento	__ respecto a __	j. las advertencias de todos.

9 LEE las siguientes oraciones y EXPLICA su uso de *por* y *para*, según las siguientes categorías:

Agente   causa   destino espacial   empleado   fecha límite   intercambio   lugar indeterminado   medio   momento del día   porcentaje   propósito   recipiente o destinatario   voz pasiva

1. Me gusta tomar una aromática *por* las tardes cuando estoy en casa: _____
2. Los Peláez salieron *para* Orlando ayer en la tarde: _____
3. Trabajaba *para* IBM antes de que empezara la crisis económica: _____
4. Los refugiados sufren *por* los actos de los terroristas: _____
5. Te doy una entrada a cine *por* tu opinión sobre este ensayo: _____
6. El nuevo teatro fue inaugurado *por* el alcalde de la ciudad: _____
7. La decoración debe estar lista *para* el 23 de diciembre: _____
8. Ese perro pasa *por* esta calle casi todos los días: _____
9. Andrea trajo un pastel *para* Rita: _____
10. El 17% de la población de Estados Unidos está constituida por hispanos: _____
11. Siempre hacemos las reuniones del consejo *por* Skype: _____
12. Es necesario tener una maestría *para* ser profesor universitario: _____

10 COMPLETA el texto con las preposiciones adecuadas.

Anoche vinieron algunos amigos _____ (1) mi casa _____ (2) jugar _____ (3) las cartas, escuchar música y tomar un poco _____ (4) vino. La velada empezó muy tranquilamente. Todos estábamos alegres y queríamos pasar un rato agradable, pues tenemos unas vidas muy ocupadas _____ (5) la semana _____ (6) nuestros trabajos y familias y tenemos pocas oportunidades _____ (7) reunirnos y pasar un rato agradable.

Sin embargo, _____ (8) transcurría la noche, el esposo _____ (9) mi amiga Karla se fue poniendo bastante pesado _____ (10) los tragos y empezó _____ (11) discutir _____ (12) Karla _____ (13) un antiguo amigo _____ (14) la universidad que se habían encontrado la semana pasada y que solía estar enamorado _____ (15) ella. Mi amiga, _____ (16) llantos y gritos, le juraba _____ (17) Martín que ella nunca había correspondido las atenciones _____ (18) Eduardo, pero Martín insistía _____ (19) que _____ (20) ellos había un romance oculto.

La situación se volvió tan incómoda que nuestros otros amigos comenzaron _____ (21) marcharse poco a poco y, al final, quedamos mi esposo y yo solos _____ (22) los Ramírez _____ (23) casa. Mientras ellos seguían riñendo, Enrique y yo recogimos la mesa y limpiamos todo. Finalmente, Karla logró calmar _____ (24) su esposo y se fueron _____ (25) su casa. Tristemente, _____ (26) culpa de los celos y la afición _____ (27) el alcohol _____ (28) Martín, toda nuestra noche se arruinó.

Nace en Guatemala

Hablar sobre protagonistas del pasado y del presente en Hispanoamérica

11 LEE cada una de las siguientes oraciones y ELIGE la opción que mejor describa su uso del presente de indicativo.

1. La Tierra gira de Oeste a Este.
   a. Presente gnómico o universal.
   b. Presente de mandato.
   c. Presente de futuro.

2. Haces la tarea ya o no sales con tus amigos.
   a. Presente gnómico o universal.
   b. Presente de mandato.
   c. Presente de futuro.

3. La Madre Laura nace en Jericó en 1874.
   a. Presente de conato.
   b. Presente actual.
   c. Presente histórico.

4. El Presidente le habla ahora a la nación.
   a. Presente de conato.
   b. Presente actual.
   c. Presente histórico.

5. Todos los lunes voy al cine con mi esposa.
   a. Presente de conato.
   b. Presente de mandato.
   c. Presente habitual.

6. Casi me caigo cuando venía para la U.
   a. Presente de conato.
   b. Presente de mandato.
   c. Presente habitual.

12 REEMPLAZA el verbo del presente de indicativo subrayado en cada oración, por una de las siguientes formas verbales: presente progresivo, futuro simple o con ir, pretérito simple, imperativo, condicional compuesto o pluscuamperfecto del subjuntivo.

1. Si llego a saber lo de mis primos, no los habría invitado a la finca.

   _____

2. Alexa casi se ahoga ayer con unas palomitas de maíz en el cine. ¡Se rio tanto con esa película!

   _____

3. En cuanto Samuel me pague lo que me debe, lo dejo en paz.

   _____

4. Los carros antiguos desfilan ahora por la calle Ocho.

   _____

5. Si el bus no se hubiera desviado a tiempo, seguro que nos mata.

   _____

6. En 1950 Brasil y Uruguay se disputan la final de la Copa del Mundo.

   _____

7. El crucero parte el próximo viernes desde el puerto de Barranquilla.

   _____

8. Me mandan un correo donde me adjuntan todas las respuestas corregidas del examen final.

   _____

9. Víctor estaba llevando el perro al parque, y en esas empieza a llover.

   _____

10. El sufragio femenino se aprueba en Colombia bajo la dictadura de Gustavo Rojas Pinilla.

   _____

13 LEE las biografías de estos destacados personajes hispanos y CÁMBIALAS al presente histórico.

1. Santa Laura

El 26 de mayo de 1874 nació en Jericó (Antioquia), María Laura de Jesús Montoya Upegui, quien era conocida como la Madre Laura. Esta mujer fue educadora, misionera católica y fundadora de la Congregación de las Misioneras de María Inmaculada y de Santa Catalina de Siena. En el 2004 fue declarada por la Iglesia católica como beata por su primer milagro comprobado, y en el 2012 se le otorgó el título de santa, al corroborarse otro milagro hecho por mediación suya. Santa Laura Montoya es la única santa de nacionalidad colombiana.

2. Mercedes Sosa

La famosa cantante argentina Mercedes Sosa nació en 1935 y murió en 2009. Esta importante artista se dio a conocer en todo el continente como La Voz de América y fue una de las mayores exponentes de la Nueva Canción Latinoamericana (parte del género también conocido como canción popular, social o de protesta). Mercedes Sosa fundó el Movimiento del Nuevo Cancionero e incursionó asimismo en otros géneros como el tango, el rock y el pop. Se denominó a sí misma como "cantora" y grabó junto a algunos de los artistas más reconocidos de habla hispana.

3. Roberto Gómez Bolaños

Roberto Gómez Bolaños, más conocido como "Chespirito", nació en 1929 en Ciudad de México. Estudió ingeniería mecánica, pero desde 1968 empezó a trabajar como guionista y actor de programas cómicos. En los años 70, Bolaños creó una serie de personajes que se convirtieron en los más famosos y amados de las siguientes generaciones en toda América Latina: el Chapulín Colorado, el Chavo del 8, el Doctor Chapatín, el Chómpiras y Chaparrón Bonaparte. En las décadas de los 80 y los 90 sus creaciones fueron reunidas en el programa *Chespirito*. Falleció en el 2014.

Quería pedirte

Atenuar una petición

14 COMPLETA las oraciones con el imperfecto de indicativo de los verbos dados.

1. En ese momento, todo lo que Ezequiel _____ (*necesitar*) era un poco más de silencio.
2. Casi no me encuentran, ya _____ (*estar*) de salida.
3. Perdón, señora, ¿qué me _____ (*decir*)? Es que estaba un tris distraído.
4. Mesero, nos _____ (*regalar*) otra botella de vino, si es tan amable.
5. La presentación oral _____ (*ser*) hoy, ¿no?

15 SEÑALA las cinco oraciones con un uso desplazado del imperfecto de indicativo.

1. Cuando llegaron los invitados, Daniela hablaba por teléfono con su madre. ( )
2. Cuando era niña, sus tíos siempre la llevaban a la función de Navidad. ( )
3. Regina trotaba por el parque mientras Tobías hacía algunas sentadillas. ( )
4. Si no tuviera que trabajar, me iba de vacaciones ahora mismo. ( )
5. Era un lugar abierto y fresco, la luz entraba por cada rincón. ( )
6. Ahora que sí traía la cuota del paseo, la escuela lo cancela. ( )
7. Con este aguacero, no salía yo ni a la puerta. ( )
8. Si tenía tiempo, me gustaba ir al teatro. ( )
9. Llamaba para pedirle que me diera el número de Linda. ( )
10. Me prometió que venía hoy a ayudarme con las decoraciones. ( )

16 ELIGE el mejor final para cada oración:

1. Si me ganara la bonificación por mejores ventas…
    a. comprara el televisor que mi mujer y yo tanto queremos.
    b. compraba el televisor que mi mujer y yo tanto queremos.

2. Pues juguemos a que yo…
    a. era la profesora, y tú el estudiante.
    b. soy la profesora, y tú el estudiante.

3. Con esa pinta tan horrible…
    a. no fuera yo ni a la tienda de la esquina.
    b. no iba yo ni a la tienda de la esquina.

4. Alan llamó para preguntarte que si…
    a. quisieras ir al cine esta noche.
    b. querías ir al cine esta noche.

5. Siquiera llegaste a tiempo…
    a. porque ya nos íbamos.
    b. porque ya nos vamos.

6. Sara nos llamó para pedirnos…
    a. que le prestábamos un dinero.
    b. para que le prestáramos un dinero.

7. Afortunadamente nos dieron el aumento en el salario…
    a. porque lo necesitábamos.
    b. porque lo necesitáramos.

17 MIRA las imágenes e INVENTA un diálogo para cada una de ellas usando el imperfecto de indicativo. USA la clave que te proporcionamos.

1

A: _____
_____
_____
B: _____
_____
_____

Cortesía

2

A: _____
_____
_____
B: _____
_____
_____

Situación poco probable

3

A: _____
_____
_____
B: _____
_____
_____

Narrar un cuento

4

A: _____
_____
_____
B: _____
_____
_____

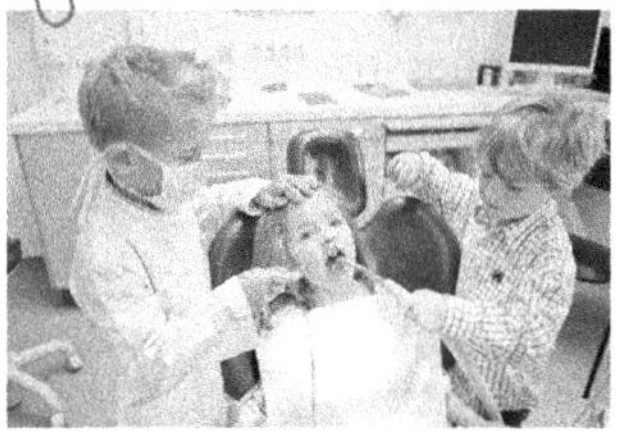

Imaginación para jugar

5

A: _____
_____
_____
B: _____
_____
_____

Contrariedad o reproche

6

A: _____
_____
_____
B: _____
_____
_____

Descripción

7

A: _____
_____
_____
B: _____
_____
_____

Costumbre

8

A: _____
_____
_____
B: _____
_____
_____

Acción en progreso

¿Puedes llamarme pa'atrás?

Hablar sobre fenómenos sociales y lingüísticos

18 ORGANIZA las oraciones y encontrarás las respuestas que antes de su viaje dieron algunos inmigrantes latinos en Estados Unidos a la pregunta: *¿Cómo piensa que va a ser su vida en Estados Unidos?*

1. éxito Tendré aumentarán de mejor calidad de vida y posibilidades mis.

_____
_____
_____
_____
_____
_____

2. al máximo Aprovecharemos la oportunidad, duro trabajaremos y la gran experiencia disfrutaremos.

_____
_____
_____
_____
_____
_____

3. hijos inscribiremos nuestros a al Primero, y escuela aprenderemos inglés en una nocturna colegio.

_____
_____
_____
_____
_____
_____

4. maestría una hacer para Obtendré una conseguiré visa de una beca estudiante y

_____
_____
_____
_____
_____
_____

5. Encontraré un casaré hombre con me me y, nacionalizaré mi buen hija.

_____
_____
_____
_____

19 COMPLETA con el verbo en el futuro simple, para descubrir los propósitos de Año Nuevo que se hicieron algunos de estos inmigrantes después de algún tiempo en su nuevo país.

1. Javier y Marta _____ (*a. hacer*) más deporte y _____ (*b. comer*) menos comida rápida.

2. Nosotras _____ (*venir*) más a menudo a las clases nocturnas de inglés.

3. Yo _____ (*a. salir*) menos de rumba y _____ (*b. trabajar*) más para enviar más dinero a casa.

4. Thiago _____ (*aprender*) cinco palabras nuevas de inglés cada día.

5. Ellos _____ (*a. dejar*) de fumar y _____ (*b. deshacerse*) de otros malos hábitos.

6. Yessyka le _____ (*decir*) la verdad a su familia sobre su situación de inmigración.

7. Lupe, Alma y yo _____ (*a. intentar*) legalizarnos y _____ (*b. visitar*) nuestro país.

8. Damián _____ (*invertir*) parte de su tiempo libre en enseñar inglés a otros inmigrantes.

20 COMPLETA con el verbo en el futuro simple, IDENTIFICA su uso de acuerdo con las opciones de la tabla y ESCRÍBELO en el respectivo paréntesis.

1. Mañana sin falta me _____ (*traer-uds.*) los documentos. (Uso: _____)

2. _____ (*tener-ellos*) mucho dinero, pero muy mal gusto. (Uso: _____)

3. En 1948 el Estado de Israel le _____ (*declarar*) su independencia. (Uso: _____)

4. _____ (*seguir*) molesta aún por lo de la fiesta. (Uso: _____)

5. La semana que viene seguro que _____ (*empezar*) a caminar. (Uso: _____)

6. En el 2050 _____ (*haber*) el doble de migrantes que hoy. (Uso: _____)

7. El domingo _____ (*visitar-nosotros*) el Museo de la Memoria. (Uso: _____)

8. No sé, ustedes me _____ (*decir*). (Uso: _____)

a. cortesía
b. mandato
c. concesión
d. plan futuro
e. histórico
f. imaginativo
g. suposición
h. promesa

21 COMPLETA con el verbo en el futuro simple estas predicciones que algunos expertos han hecho sobre cómo será el mundo en el año 2050. Luego, SEÑALA cuál crees que es el autor de cada una.

Predicciones

1. _____ (*a. tener*) computadores conscientes, dotados con su propia personalidad y _____ (*b. ser*) nuestros mejores amigos.

2. _____ (*a. vivir*) jóvenes hasta el día de nuestra muerte, gracias a que los científicos _____ (*b. poder*) revertir el envejecimiento de nuestras células.

3. El internet _____ (*a. estar*) en nuestras cabezas. Se_____ (*b. instalar*) programas en nuestros cerebros como hoy se instalan aplicaciones en los teléfonos.

4. El médico _____ (*a. saber*) todas las enfermedades que vas a tener en tu vida, ya que _____ (*b. poder*) ver toda la información de tu genoma en el computador.

5. Para ser padres, _____ (*a. haber*) que pasar ciertos test. _____ (*b. seleccionar*) los genes de nuestros hijos para perfeccionar la especie, lo cual _____ (*c. plantear*) series preguntas éticas.

Autores

(   ) a. George Church, el mago de la genética.

(   ) b. Evan Henshaw-Plath, cofundador de Twitter.

(   ) c. Andy Miah, el guardián de la bioética.

(   ) d. Manuel Elkin Patarroyo, inmunólogo.

(   ) e. Steve Wozniak, cofundador de Apple.

22 Después de leer las anteriores predicciones, IMAGINA cuáles serán los efectos negativos de cada una de ellas en caso de que se cumplan.

1. _____
_____

2. _____
_____

3. _____
_____

4. _____
_____

5. _____
_____

Las lenguas del futuro

En la actualidad, en nuestro planeta existen 194 países reconocidos por la ONU, con una población aproximada de 7000 millones de habitantes y 6500 lenguas vivas. De estas, más o menos 2000 son usadas por menos de 1000 personas, y una sola, el chino mandarín, es el idioma nativo más hablado, con más de 1200 millones de individuos. El español, por su parte, tiene 470 millones de parlantes, y el inglés tiene más o menos 360 millones. Sin embargo, estas cifras se limitan a contabilizar su uso como lenguas maternas y no tienen en cuenta a quienes los hablan como su segundo o tercer idioma. Así mismo, este estimativo deja por fuera las mezclas lingüísticas existentes hoy en día en muchos países, nacidas principalmente de la globalización y del inmenso fenómeno migratorio. Como es bien sabido, uno de los principales ejemplos de esta práctica de combinación idiomática es el *espanglish*.

Si bien el *espanglish* es la muestra más conocida que tenemos ahora de este encuentro de lenguas, este tipo de mezcolanzas filológicas no son algo nuevo en nuestra historia, sino que han existido en diferentes épocas, como resultado del contacto prolongado entre uno o más idiomas, ya sea por movimientos de colonización, invasión, descubrimiento, conquista o bien por eventos como la migración. De esta manera, el préstamo de palabras, la traducción literal de expresiones, la conversión de vocablos, la invención de términos y la alternancia de códigos crean manifestaciones como el *runglish*, mezcla de ruso e inglés; el *singlish*, combinación de malayo, inglés y algo de cantonés; el *franglish*, francés más inglés; el *dunglish*, mixtura de holandés e inglés; y el *denglish* que junta el alemán con el inglés, por mencionar solo algunos.

Debido al alto volumen de movimientos humanos, a la globalización de mercados y a la conexión tecnológica, los expertos prevén que dentro de cien años el mundo no será igual. Para 2050, la Organización Internacional para las Migraciones (OIM) espera que haya unos 405 millones de migrantes en todo el mundo, cuyos patrones migratorios habrán cambiado con respecto a la realidad actual, y que los nuevos países de destino para los trabajadores migrantes se enfocarán en las recientes economías emer-

gentes de Asia, África y América Latina. Así, la importancia futura de los idiomas, dependerá del factor con el cual se clasifiquen. Partiendo de un reporte publicado por el Consejo Británico, desde el punto de vista económico, para 2050 las lenguas que tendrán mayor preponderancia son: hindi, bengalí, urdu, indonesio, español, portugués, árabe y ruso; si la relevancia futura se mide en cambio por el número de hablantes, entonces, de acuerdo con el lingüista alemán Ulrich Ammon, la predicción sería que las lenguas más habladas serán: mandarín, español y francés.

Pero no todo son mezclas y proliferación en el futuro de los idiomas. Un estudio efectuado por el doctor en lingüística John H. McWhorter vaticina que para 2115 habrá desaparecido el 90% de las lenguas que hablamos hoy en día. Según este experto, la tendencia será a la disminución y simplificación de los idiomas, especialmente en su forma oral. Aunque la idea de un mundo con 600 lenguas vivas en vez de las 6000 que tenemos en el presente es un poco aterradora, dice McWhorter que esta evolución lingüística no es algo nuevo y que en nuestra historia se han presentado varias olas reduccionistas: una primera fase se da con el movimiento de personas que cruzan de un océano a otro y, en consecuencia, a la confluencia de dos idiomas; la segunda, ocurre con el nacimiento de las lenguas criollas producto del transporte de esclavos africanos a nuevas tierras; y la tercera, que sucede en este momento, por parte de hijos de migrantes que transforman el idioma de sus padres y el del país receptor creando así un nuevo lenguaje.

Por todas estas razones, no es de extrañar entonces que exista la esperanza en algunos, y la convicción en otros —filólogos, lingüistas y otros expertos—, de que el futuro nos traerá un idioma universal, una única lengua que nos unifique en habla, pensamientos, valores y creencias.

Fuente: algunos datos han sido tomados de http://www.elconfidencial. com/alma-corazon-vida/2015-01-23/que-lengua-hablara-el-mundo-en-2115_628877/

23 **RESPONDE falso (F) o verdadero (V) de acuerdo con la información de la lectura anterior.**

1. El inglés tiene más hablantes nativos que el español.   F (   )   V (   )
2. Uno de los principales ejemplos de la mezcla de lenguas es el *espanglish*.   F (   )   V (   )
3. El *runglish* es la mezcla de francés e inglés.   F (   )   V (   )
4. Según los expertos, para 2050 el español será una de las lenguas más importantes.   F (   )   V (   )
5. Para 2115, dice McWhorter que las lenguas se habrán incrementado en un 90%.   F (   )   V (   )

Escribamos

24 USA las palabras de la lista para completar unos datos curiosos sobre las lenguas del mundo:

alfabeto   decir   dialectos   escrita   escritura   idioma   palabras   verbos   vocabulario   vocales

1. En Indonesia se hablan más de 583 idiomas y _____.
2. Aunque todavía se enseña y se aprende en todo el mundo, el latín solo es el _____ oficial de un país muy pequeño: El Vaticano.
3. El euskera, idioma hablado en el noroeste de España, se considera de los más difíciles de aprender, pues no pertenece a ninguna familia de lenguas y tiene una estructura y un _____ muy complejos.
4. A pesar de que el mandarín parece muy complejo, sus _____ no se conjugan y no usa puntuación.
5. El idioma con el _____ más largo del mundo es el khamer, de Camboya, con 74 letras.
6. El japonés moderno tiene cuatro sistemas de _____: kanji, hiragana, katakana y romaji.
7. El inglés tiene el mayor número de _____ (250.000), y el que menos posee es el takki o sranang tongo (340).
8. La lengua con mayor cantidad de _____ es el sedang, de Vietnam: tiene 55.
9. El inuit, lengua esquimal, tiene cientos de palabras para _____ nieve, hielo y blanco. El gallego, del norte de España, usa más de 70 palabras para decir lluvia.
10. La primera lengua _____ fue la sumeria o egipcia.

25 ESCRIBE un artículo para compartir sobre la(s) lengua(s) de tu país. USA en lo posible las palabras e ideas del ejercicio anterior.

Ten en cuenta: su origen, familia lingüística, cómo llegó a tu país, tu impresión sobre su dificultad para ser aprendida por hablantes de otras lenguas, sus mezclas y su futuro, etc., y por qué.

_____

_____

_____

_____

_____

_____

_____

_____

_____

_____

_____

_____

_____

_____

_____

_____

_____

_____

_____

_____

_____

_____

_____

> **... usar el idioma para:**

Hablar sobre movimientos humanos y corrientes migratorias

1. COMPLETA con la preposición correcta.

1. Me gusta saber cosas _____ otras religiones.
2. Tulio siempre lee el periódico _____ la mañana, porque el resto del día no tiene tiempo.
3. Rita regaña a sus hijos cuando ponen los zapatos _____ la silla.
4. Pablito detesta viajar _____ barco.
5. Esos abuelitos siempre caminan _____ (a) su casa _____ (b) la esquina varias veces al día.
6. Voy _____ (a) la universidad _____ (b) este momento.

Hablar sobre protagonistas del pasado y del presente en Hispanoamérica

2. ESCRIBE en la respectiva columna del recuadro la palabra subrayada de cada oración, según haga referencia al presente, al pasado o al futuro.

1. Ahora <u>dan</u> la final del reinado por el canal 1.
2. Casi <u>perdemos</u> el vuelo a San Francisco.
3. <u>Se van</u> ahora mismo de aquí, o llamaremos a la policía.
4. Si <u>me entero</u> a tiempo, lo <u>despido</u>.
5. El planeta Venus no <u>tiene</u> ninguna luna.
6. Usualmente <u>nos quedamos</u> en casa los viernes en la noche.
7. Isabel de Castilla <u>muere</u> en 1504.
8. Y entonces, ¿qué <u>hacemos</u> ahora?

Presente	Pasado	Futuro

Atenuar una petición

3. COMPLETA las oraciones con el imperfecto de indicativo de los verbos en paréntesis.

1. Hola, _____ (a. yo-venir) a ver si me _____ (b. tú-prestar) tu destornillador.
2. Bianca _____ (a. patinar) con más frecuencia cuando _____ (b. ser) niña.
3. Vicente _____ (a. hablar) por celular mientras _____ (b. conducir), y se accidentó.
4. Si tuviera dinero, me _____ (yo-comprar) ese lindo vestido.
5. Siquiera que me llamaste, ya _____ (yo-estar) por mandarte un correo.
6. Los Muñoz _____ (odiar) ese calor tan infernal.
7. Ahora que _____ (nosotras-estar) tan felices, nos dan esa noticia.
8. ¿Cómo _____ (a. ser) que se _____ (b. llamar) los dos chicos de Suiza?

> **Sobre el idioma:**

4. CORRIGE el uso de las mayúsculas en caso de ser necesario:

1. los rodríguez van a misa todos los domingos.
2. es importante saber hablar inglés en este mundo globalizado.
3. el miércoles iremos de visita al museo del oro.
4. a víctor le gusta mucho manuela, pero no se atreve a decírselo.
5. esta vez no iré a su casa. en marzo, puede que sí.
6. no se debe ofender a dios.
7. la corte constitucional decidirá la legalidad de esa decisión presidencial.
8. los mexicanos no pueden pasar la frontera de estados unidos sin una visa.

Puntaje: [____] **/ 30**